문화와 함께 즐겁게 배우는

주제별 일본어 청해 연습

사사히로코 · 후루타료오코 · 박은정 공저

제이앤씨
Publishing Company

표기 방법에 대해서

	표기 방법	품사 및 활용형	예
명사	명	명사	犬/人/夢
	명 + である		犬(である)/人(である)/夢(である)
	명(보통형)	명사 보통형	犬だ/犬ではない/犬だった/犬ではなかった
な형용사	な형어간	な형용사 어간	きれい/ハンサム/元気
	な형어간 + である		きれい(である)/ハンサム(である)/元気(である)
	な형어간 + だった	な형용사 과거형	きれいだった/ハンサムだった/元気だった
	な형어간 + ではなかった	な형용사 과거부정형	きれいではなかった/ハンサムではなかった/元気ではなかった
	な형(보통형)	な형용사 보통형	きれいだ/きれいである/きれいではない/きれいだった/きれいではなかった
い형용사	い형(기본형)	い형용사 기본형	寒い/かわいい/楽しい
	い형어간	い형용사 어간	寒/かわい/楽し
	い형어간 + くない	い형용사 부정형	寒くない/かわいくない/楽しくない
	い형어간 + くて	い형용사 て형	寒くて/かわいくて/楽しくて
	い형어간 + かった	い형용사 과거형	寒かった/かわいかった/楽しかった
	い형어간 + くなかった	い형용사 과거부정형	寒くなかった/かわいくなかった/楽しくなかった
	い형어간 + ければ	い형용사 조건형	寒ければ/かわいければ/楽しければ
	い형(보통형)	い형용사 보통형	寒い/寒くない/寒かった/寒くなかった

동사	동(기본형)	동사 기본형	行く/見る/来る/する
	동(た형)	동사 た형	行った/見た/来た/した
	동(て형)	동사 て형	行って/見て/来て/して
	동(ます형)	동사 ます형	行き/見/来/し
	동(ない형)	동사 ない형	行か/見/来/し
	동(조건형)	동사 조건형	行けば/見れば/来れば/すれば
	동(의지형)	동사 의지형	行こう/見よう/来よう/しよう
	동(가능형)	동사 가능형	行ける/見られる/来られる/できる
	동(수동형)	동사 수동형	行かれる/見られる/来られる/される
	동(사역형)	동사 사역형	行かせる/見させる/来させる/させる
	동(보통형)	동사 보통형	行く/行かない/行った/行かなかった

품사 표기 방법

(동)	동사	(조동)	조동사
(い형)	い형용사	(격조)	격조사
(な형)	な형용사	(부조)	부조사
(명)	명사	(계조)	계조사
(대)	대명사	(접속조)	접속조사
(부)	부사	(종조)	종조사
(연체)	연체사	(간투조)	간투조사
(접)	접속사	スル	する동사
(감)	감동사		

본 교재의 특징

주인공 김소연 씨는 한국에서 일본으로 막 유학을 온 대학생입니다. 소연 씨가 하네다 공항에 도착해 전철을 타고 대학교 기숙사로 향하는 장면부터 교재가 시작됩니다. 자원봉사로 소연 씨에게 일본어를 가르쳐주고 있는 사토 씨와 함께 여러 장소를 방문하면서 일본 문화를 체험하게 됩니다. 이하 군은 오키나와 출신으로 같은 대학교에 다니고 있는 학생인데, 고향인 오키나와의 문화에 대해 가르쳐 주기도 하고 소연 씨의 대학생활을 도와주는 등 아주 든든한 친구입니다. 소연 씨와 함께 일본의 교통, 음식, 놀이, 패션, 전통문화 등 다양한 일본 문화를 접해보세요.

효과적인 학습 방법

본 교재는 일본 문화에 대한 이해를 넓히면서 동시에 일본어 청해 능력을 키울 수 있는 책입니다.

(1) 먼저 '학습 내용'을 잘 읽고 오늘 학습할 내용을 이해합니다.

(2) 그리고 음성 파일을 들어봅니다.
* 음성파일은 출판사 홈페이지(www.jncbms.co.kr)에서 다운로드 받으실 수 있습니다.

(3) 들은 내용을 잊을 수 있기 때문에 노트 등에 메모를 해두는 것이 좋습니다.

(4) 음성 파일을 듣고 나서 '듣기 연습'을 풀어봅니다. 내용이 확실하게 이해가 되지 않을 경우는 음성 파일을 다시 들어보세요.
* '듣기 연습 정답'은 각 과의 마지막 페이지에 있습니다.

(5) ‘어휘’와 ‘주요 문형’을 익히고 ‘문형 연습’을 풀어본 다음에 다시 음성 파일을 들어봅니다.

(6) 일본어 ‘본문’을 읽은 다음에 다시 음성 파일을 들어봅니다.

(7) 마지막에 한국어로 된 ‘본문 해석’을 읽어보고 알아듣지 못했던 부분을 확인합니다.

(8) 음성 파일을 들으면서 받아쓰기를 해봅니다. 받아쓰기를 할 때는 내용이 명확하게 들릴 때까지 반복해서 들어보는 것이 좋습니다.

목차

Lesson
01

에어포트 급행열차가 들어옵니다

학습 내용

ソヨンさんは、羽田空港(はねだくうこう)から京急線(けいきゅうせん)に乗(の)ろうとしています。さて、間違(まちが)えずに乗(の)ることができるでしょうか。

소연 씨는 하네다공항에서 게이큐선을 타려고 합니다. 과연 잘 탈 수 있을까요?

듣기 연습

학습을 시작하기에 앞서 대화문을 듣고 다음 질문에 답해보세요.

① 新逗子(しんずし)行(ゆ)きの電車(でんしゃ)は、品川方面(しながわほうめん)に行(い)きますか。
신즈시행 전철은 시나가와 방면으로 갑니까?

② 車内(しゃない)に持(も)ち込(こ)んではいけないものは何(なん)ですか。
전철 안으로 반입하면 안 되는 것은 무엇입니까?

어휘

番線(ばんせん)	(명) 번선(플랫폼에 면한 선로를 번호로 구별하여 말함), 승강장
各駅(かくえき)	(명) 각 역
持(も)ち込(こ)む	(동) 갖고 들어오다, 반입하다
まもなく	(부) 머지 않아
参(まい)る	(동) 行(い)く(가다), 来(く)る(오다)의 겸양어 I
とびら	(명) 문
離(はな)れる	(동) 떨어지다, 떠나다
おいで	(명) 行(い)くこと(가는 것), 来(く)ること(오는 것), 居(い)ること(있는 것)의 존경어

주요 문형

1 お/ご~ください ~해 주세요

ご注意下(ちゅういくだ)さい。
주의하시기 바랍니다.

お/ご+동(ます형)+ください
- 경의를 담아 의뢰할 때 사용하는 존경어이다.
- 더 높은 경의를 표하는 경우는 'お/ご+동(ます형)+くださいませ'를 사용한다.
- 'お/ご+동(ます형)+になってください'를 축약한 형태이기 때문에 'お/ご+동(て형)+ください'는 틀린 표현이다.

예문

① お名前(なまえ)はフルネームでご記入(きにゅう)ください。
이름은 풀네임으로 기입해 주십시오.

② 市役所(しやくしょ)には公共交通機関(こうきょうこうつうきかん)でお越(こ)しください。
시청에는 대중교통 수단으로 오십시오.

③ ご不明(ふめい)な点(てん)がございましたら、お気軽(きがる)におたずねください。
불분명한 점이 있으시면 편하게 문의해 주세요.

2 ～ってことは(～ということは) ～라는 것은/그러면

ってことは、次の電車に乗らないといけないのか。
그럼 다음 전철을 타야 하는 건가.

문장+ってことは(ということは)
- 'Aってことは(ということは)B'는 앞에 설명한 A에 대해 B에서 의미나 해석을 말할 때 사용한다.

예문

① その値段で売れないってことは、何か問題があるんじゃない?
그 가격에 팔리지 않는다면 뭔가 문제가 있는 게 아닐까?

② 何度もその話をするということは、よっぽどショックだったんだろうね。
몇 번이나 그 이야기를 한다는 건 어지간히 충격이었다는 거네.

③ 温厚な彼が怒るということは、よっぽどひどい扱いをされたに違いない。
온후한 그가 화를 낸다는 것은 상당히 심한 대접을 받았음에 틀림없다.

문형 연습

① A:今日はずいぶんきれいに片付いてるね。
B:(　　　　　　)、いつもは汚いってこと?

② 省エネ・節電にご協力(　　　　　　)。

본문

[羽田空港国際線ターミナル駅]

[場面1]

ソヨン(ひとりごと) : えっと、品川方面は、二番線か。

アナウンス : 今度の電車は横浜方面直通エアポート急行新逗子行きです。京急蒲田まで各駅に止まります。カートは車内に持ち込めません。ご注意下さい。

アナウンス : まもなく横浜方面直通エアポート急行が参ります。とびらから離れてお待ち下さい。

[場面2]

駅係員 : 品川方面へおいでのお客様は次のエアポート急行成田空港行きをご利用ください。

ソヨン(ひとりごと) : ってことは、次の電車に乗らないといけないのか。

アナウンス : 今度の電車は品川、新橋、日本橋方面、エアポート急行成田空港行きです。次は京急蒲田に止まります。カートは車内に持ち込めません。ご注意下さい。

[場面3]

ソヨン(ひとりごと) : そろそろ来る頃だな。

アナウンス : まもなく品川、新橋、日本橋方面エアポート急行が参ります。とびらから離れてお待ち下さい。

본문 해석

[하네다공항 국제선 터미널역]

[장면1]

소연(혼잣말) : 음, 시나가와(品川) 방면은 2번 승강장인가.

안내방송 : 이번 열차는 요코하마(横浜) 방면 직통 에어포트 급행 신즈시(新逗子)행입니다. 게이큐 가마타(京急蒲田)까지 각 역마다 정차합니다. 카트는 전동차 안으로 반입하실 수 없습니다. 주의하시기 바랍니다.

안내방송 : 잠시 후 요코하마 방면 직통 에어포트 급행열차가 도착합니다. 문에서 물러서서 기다려 주시기 바랍니다.

[장면2]

역무원 : 시나가와 방면으로 가시는 승객께서는 다음 에어포트 급행 나리타(成田) 공항행 열차를 이용해 주십시오.

소연(혼잣말) : 그럼 다음 전철을 타야 하는 건가.

안내방송 : 이번 열차는 시나가와, 신바시(新橋), 니혼바시(日本橋) 방면, 에어포트 급행 나리타공항행 열차입니다. 다음은 게이큐 가마타에 정차합니다. 카트는 전동차 안으로 반입하실 수 없습니다. 주의하시기 바랍니다.

[장면3]

소연(혼잣말) : 이제 오겠다.

안내방송 : 잠시 후 시나가와, 신바시, 니혼바시 방면의 에어포트 급행열차가 도착합니다. 문에서 물러서서 기다려 주시기 바랍니다.

OX 퀴즈

대화문을 다시 듣고 다음의 내용이 맞으면 O, 틀리면 X를 표시해 보세요.

① 品川方面に行く電車は、一番線から乗ります。
시나가와 방면으로 가는 전철은 1번 승강장에서 탑니다.

② ソヨンさんは、エアポート急行成田空港行きに乗ります。
소연 씨는 에어포트 급행 나리타공항행에 탑니다.

③ エアポート急行新逗子行きも、エアポート急行成田空港行きも、京急蒲田駅に止まります。
에어포트 급행 신즈시행과 에어포트 급행 나리타공항행, 둘 다 게이큐 가마타역에 정치합니다.

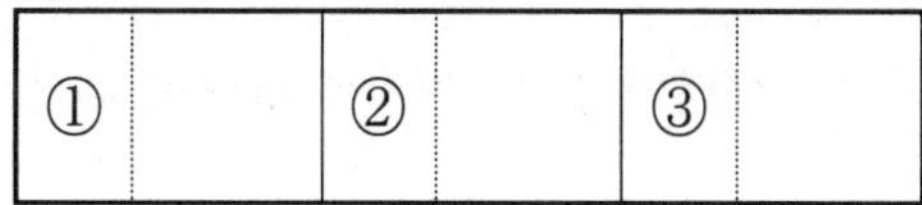

정답

듣기 연습 정답

① いいえ、行きません。
아니요, 가지 않습니다.

② カートです。
카트입니다.

문형 연습 정답

① ってことは
A:오늘은 상당히 깨끗하게 정리되어 있네.
B:그러면 평상시는 지저분하다는 의미야?

② ください
에너지 절약・절전에 협력해 주십시오.

OX 퀴즈 정답

① X
品川方面に行く電車は、二番線から乗ります。
시나가와 방면으로 가는 전철은 2번 승강장에서 탑니다.

② O

③ O

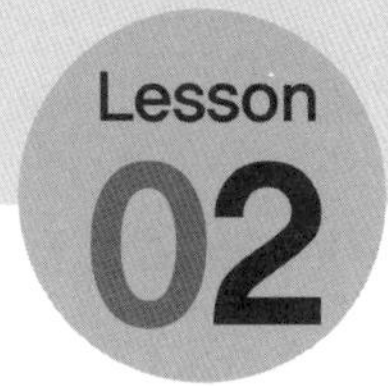

다음에 정차할 역은 시나가와역입니다

학습 내용

ソヨンさんは無事に品川方面の電車に乗ることができました。さて、電車の車内放送を理解することができるでしょうか。

소연 씨는 시나가와 방면 전철에 무사히 탔습니다. 그런데 전철의 안내방송을 이해할 수 있을까요?

듣기 연습

학습을 시작하기에 앞서 음성 파일을 듣고 다음 질문에 답해보세요.

① ソヨンさんの乗った電車は、何行きですか。
　소연 씨가 탄 전철은 어디로 가는 전철입니까?

② 駅構内や車内で不審物を発見したときは、誰に知らせればいいですか。
　역 구내나 전철 안에서 수상한 물건을 발견했을 때는 누구에게 알리면 됩니까?

어휘

へえ	(감) 허, 허참, 저런
忘れ物	(명) 물건을 잊고 감, 잊은 물건
致す	(동) するの 겸양어II
不審	(명/な형) 수상함, 의심스러움
触れる	(동) 닿다, 접촉하다
巡回	(명/スル) 순회
危険物	(명) 위험물
おる	(동) いるの 겸양어II

주요 문형

1 ~よう(に) ~하도록

お忘れ物がないようにご注意ください。

잊으신 물건이 없도록 주의하시기 바랍니다.

동(기본형)/동(ない형)+よう(に)

- 충고하거나 권고할 때 사용한다.
- '~ように'로 끝내는 것도 가능하다.
- '~ように'로 끝나는 경우는 'に'를 생략할 수 없다.

예문

① 集合時間にはくれぐれも遅れないように。
집합시간에는 아무쪼록 늦지 않도록 하십시오.

② 授業中は私語をつつしむように心がけてください。
수업 중에 사담은 삼가하도록 유의하시기 바랍니다.

③ 季節の変わり目は風邪をひかないよう気をつけてください。
환절기에는 감기에 걸리지 않도록 주의하세요.

2 ～ず　～하지 않고

不審物(ふしんぶつ)を発見(はっけん)したときは、手(て)を触(ふ)れずに駅係員(えきかかりいん)までお知(し)らせください。
수상한 물건을 발견했을 때는 만지지 마시고 역무원에게 알려주시기 바랍니다.

동(ない형)+ず

- 'ない'의 옛말이다.
- 'する'의 경우는 'せず'가 된다.
- '～ずに'는 '～ないで'와 거의 같은 의미이다.
- 관용표현의 경우는 '～ないで'로 바꿔 쓸 수 없다.

예 お守(まも)りを肌身離(はだみはな)さず、持(も)ち歩(ある)く。
부적을 늘 몸에 지니고 다닌다.

예 取(と)るものも取(と)りあえず、大急(おおいそ)ぎでかけつける。
만사를 제쳐두고 황급하게 달려가다.

- '飲(の)まず食(く)わず(먹지도 마시지도 않고)' '見(み)ず知(し)らず(일면식도 없는)' '付(つ)かず離(はな)れず(부즉불리)' 등과 같이 동사 두 개를 합친 형태의 관용구도 있다.

예 飲(の)まず食(く)わずの状態(じょうたい)で人間(にんげん)が生(い)き延(の)びられるのは、七十二時間(ななじゅうにじかん)とされる。
먹지도 마시지도 못하는 상태에서 인간이 연명할 수 있는 시간은 72시간이라고 한다.

예 見(み)ず知(し)らずの人(ひと)から、突然(とつぜん)メッセージが届(とど)く。
전혀 모르는 사람으로부터 갑자기 메시지가 도착하다.

예 付(つ)かず離(はな)れずの関係(かんけい)が、いちばん長続(ながつづ)きする。
사이가 좋지도 나쁘지도 않은 관계가 가장 오래간다.

예문

① 包丁(ほうちょう)を一切(いっさい)使(つか)わずに料理(りょうり)する。
부엌칼을 전혀 사용하지 않고 요리하다.

② 途中で口を挟まず、相手の話に耳を傾ける。
중간에 말참견 하지 않고 상대방의 이야기에 귀를 기울인다.

③ 別れた彼氏のくれたプレゼントは、一つ残らず捨ててしまった。
헤어진 남자친구에게 받은 선물은 하나도 남김없이 버렸다.

문형 연습

① ペット同伴の方は、他のお客様の迷惑にならない(　　　　　　　　)細心の注意を払ってください。

② 店員はニコリともせ(　　　　　　　　)に、隣にある券売機を指差した。

본문

[京急蒲田駅に向かう電車の中]

[場面1]

車掌 : ドアを閉めます。ご注意ください。

車掌 : 品川方面快速特急成田空港行きです。次は京急蒲田です。京急蒲田の次は、品川に止まります。

ソヨン(ひとりごと) : へえ、成田空港まで一本で行けるんだ。

[場面2]

車掌 : まもなく京急蒲田、京急蒲田です。京急蒲田の次は、品川に止まります。お忘れ物がないようにご注意ください。京急蒲田に到着致します。この電車は品川、新橋、日本橋、浅草方面に参ります。快速特急成田空港行きです。京急蒲田の次は、品川に止まります。途中駅へおいでのお客様と京急川崎、横浜方面はお乗り換えです。

[品川駅に向かう電車の中]

車掌 : 快速特急成田空港行きです。次は品川です。ＪＲ線はお乗り換えです。品川の次は泉岳寺に止まります。途中、都営線内、押上まで各駅に止まります。

ソヨン(ひとりごと) : 次は、品川か。

車掌 : お客様にお願い致します。駅構内や車内で不審物を発見したときは、手を触れずに駅係員、乗務員、または巡回中の警察官、警備員までお知らせください。また車内への危険物の持ち込みは禁止されておりますので、ご注意ください。

본문 해석

[게이큐 가마타(京急蒲田) 역으로 향하는 전철 안]

[장면1]

차장 : 출입문 닫습니다. 조심하시기 바랍니다.

차장 : 시나가와(品川) 방면 쾌속특급 나리타(成田)공항행 열차입니다. 다음은 게이큐 가마타입니다. 게이큐 가마타역 다음에는 시나가와에 정차합니다.

소연(혼잣말) : 와, 나리타공항까지 한 번에 갈 수 있구나.

[장면2]

차장 : 잠시 후 게이큐 가마타, 게이큐 가마타입니다. 게이큐 가마타역 다음에는 시나가와에 정차합니다. 잊고 내리시는 물건이 없도록 주의하시기 바랍니다. 게이큐 가마타에 도착합니다. 이 열차는 시나가와, 신바시(新橋), 니혼바시(日本橋), 아사쿠사(浅草) 방면으로 가는 쾌속특급 나리타공항행 열차입니다. 게이큐 가마타역 다음은 시나가와에 정차합니다. 통과하는 중간 역으로 가시는 승객들과 게이큐 가와사키(京急川崎), 요코하마(横浜) 방면으로 가실 분께서는 갈아타시기 바랍니다.

[시나가와역으로 향하는 전철 안]

차장 : 쾌속특급 나리타공항행 열차입니다. 다음은 시나가와입니다. JR선은 갈아타시기 바랍니다. 시나가와 다음은 센가쿠지(泉岳寺)에 정차합니다. 도에이(都営)선 내에서는 오시아게(押上)까지 각 역마다 정차합니다.

소연(혼잣말) : 다음이 시나가와구나.

차장 : 고객들에게 부탁 말씀드립니다. 역 구내나 열차 안에서 수상한 물건을 발견하셨을 때는 만지지 마시고 역무원, 열차 객실승무원, 또는 순찰 중인 경찰관, 경비원에게 알려주시기 바랍니다. 또한 열차 안으로 위험물을 반입하는 것은 금지되어 있으므로 주의하시기 바랍니다.

Tip

실제로 게이큐선(京急線(けいきゅうせん))에서는 '쾌속특급(快速特急(かいそくとっきゅう))'이 아니라 '쾌특(快特(かいとく))'이라는 말을 정식명칭으로 사용하고 있습니다. 빠른 순서로 '에어포트 쾌특(エアポート快特(かいとく))' '쾌특(快特(かいとく))' '특급(特急(とっきゅう))' '에어포트 급행(エアポート急行(きゅうこう))' '보통(普通(ふつう))'으로 되어 있습니다.

OX 퀴즈

대화문을 다시 듣고 다음의 내용이 맞으면 O, 틀리면 X를 표시해 보세요.

① 品川では、京急線からＪＲ線に乗り換えることができます。
시나가와에서는 게이큐선에서 JR선으로 환승할 수 있습니다.

② ソヨンさんの乗った電車は、横浜に止まります。
소연 씨가 탄 전철은 요코하마에 정차합니다.

③ 車内への危険物の持ち込みは禁止されています。
열차 안으로 위험물을 반입하는 것은 금지되어 있습니다.

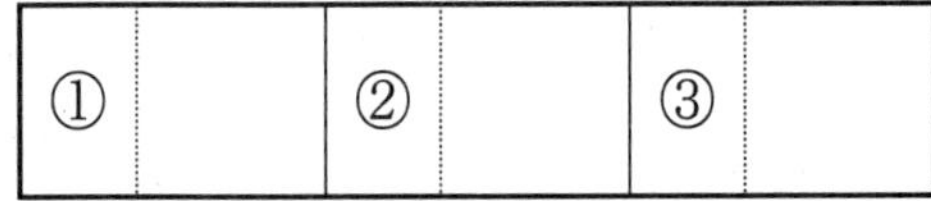

정답

듣기 연습 정답

① 成田空港行(なりたくうこうゆ)きです。
나리타공항행입니다.

② 駅係員(えきかかりいん)、乗務員(じょうむいん)、または巡回中(じゅんかいちゅう)の警察官(けいさつかん)、警備員(けいびいん)です。
역무원, 열차 객실승무원, 또는 순찰 중인 경찰관, 경비원입니다.

문형 연습 정답

① ように
애완동물을 동반하신 분은 다른 고객에게 폐가 되지 않도록 세심한 주의를 부탁드립니다.

② ず
점원은 무표정한 얼굴로 옆에 있는 매표기를 손가락으로 가리켰다.

OX 퀴즈 정답

① O

② X

ソヨンさんの乗(の)った電車(でんしゃ)は、横浜(よこはま)には止(と)まりません。
소연 씨가 탄 전철은 요코하마에는 정차하지 않습니다.

③ O

버스 정류장이 어디예요?

학습 내용

ソヨンさんは、電車を降りてバスに乗ろうとしています。さて、大学行きのバスに乗ることができるでしょうか。

소연 씨는 전철에서 내려 버스를 타려고 합니다. 대학교행 버스에 탈 수 있을까요?

듣기 연습

학습을 시작하기에 앞서 음성 파일을 듣고 다음 질문에 답해보세요.

① ロータリーに沿って何メートルほど行ったら大学行きのバス乗り場に到着しますか。
로터리를 따라서 몇 미터 정도 가면 대학교행 버스 정류장에 도착합니까?

② 車内では携帯電話をどうしなければなりませんか。
차 안에서는 휴대전화를 어떻게 해야 합니까?

어휘

口　(명) 출입하는 곳
一体　(부) 도대체, 대관절
どっち　(대명) 어느 쪽, 어디
手すり　(명) 난간
つり革　(명) 손잡이
迷惑　(명/な형/スル) 폐, 귀찮음
マナーモード(manner+mode)　(명) 진동모드
遠慮　(명/スル) 조심함, 사양함

주요 문형

1 ~にそって ~을 따라

ロータリーに沿(そ)って歩(ある)いていく。
로터리를 따라 걸어 가다.

명+にそって

- 원래 길게 뻗어 있는 것의 결을 벗어나지 않도록 진행해 나간다는 의미이다.
- 규정이나 방침이 되는 것에 따라 뭔가를 행한다는 의미로도 사용한다.
- '명+にそった+명'이라는 형태로도 사용한다.

예 ガイドラインに沿(そ)った対応(たいおう)を各省庁(かくしょうちょう)に求(もと)める。
가이드라인에 따른 대응을 각 부처에 요구하다.

예문

① 玉(たま)ねぎは繊維(せんい)に沿(そ)って細切(ほそぎ)りにする。
양파는 결을 따라서 가늘게 채를 썬다.

② テーマに沿(そ)って調(しら)べたことや考(かんが)えたことを発表(はっぴょう)する。
주제에 따라 조사한 것과 생각한 것을 발표하다.

③ 画面(がめん)の指示(しじ)に沿(そ)って進(すす)んでいくと手続(てつづ)きは完了(かんりょう)する。
화면의 지시에 따라 진행해 나가면 수속은 완료된다.

2 ~ところだった ~할 뻔했다

もうちょっとで乗り間違えるところだった。
하마터면 잘못 탈 뻔했네.

동(기본형)/동(ない형)+ところだった

- '~하는 상황이 되기 일보 직전이었다'라는 의미이다.
- '나쁜 상황이 되기 직전이었다'라는 의미로 사용하는 경우가 많지만 '좋은 상황이 되기 직전이었다'라는 의미로 사용하는 경우도 있다.

예 あと少しで書き終わるところだったのに、終わりのチャイムが鳴ってしまった。
조금만 더 있었으면 다 쓸 수 있었는데 끝나는 종이 울리고 말았다.

- 'もう少しで(하마터면)' 'あやうく(까딱하면)' 'うっかり(깜빡)' 등의 부사를 함께 사용하는 경우가 많다.
- 회화에서는 '~とこだった'가 되는 경우도 많다.

예문

① もうちょっとで車にひかれるところだった。
하마터면 차에 치일 뻔했다.

② もう少しスピードが出ていたら、大きな事故になるところだった。
조금만 더 속도를 냈다면 큰 사고가 날 뻔했다.

③ 兄が助けに来てくれなければ、あやうくおぼれるところだった。
형이 도와주러 오지 않았다면 까딱하면 물에 빠질 뻔했다.

문형 연습

① お手元の資料(　　　　　　)ご説明いたします。

② 彼女の誕生日をうっかり忘れる(　　　　　　)。

본문

[駅の改札口で]

ソヨン(ひとりごと)：西口と東口があるのか。一体、どっちから出ればいいのかな？

ソヨン：すみません。大学行きのバス乗り場はどこですか。

駅員：西口を出て、左側の階段を降りてください。ロータリーに沿って五十メートルほど行くと、バス停が見えてきます。

ソヨン：ありがとうございます。

[バス停で]

ソヨン(ひとりごと)：あれっ？このバス停で合ってるのかな？

ソヨン：すみません。大学行きのバス停はここですか。

バスを待っている人：えっ。ここは森林公園行きのバスしか止まらないですよ…。大学行きのバス停はもうちょっと先だと思います。

ソヨン：あっ、ありがとうございます。

[バスの中で]

ソヨン(ひとりごと)：よかった。もうちょっとで乗り間違えるところだった。

バスの車内放送：大変お待たせ致しました。ご乗車ありがとうございます。このバスは大学行きです。次は市役所入り口、市役所入り口でございます。お降りの方はお早めにブザーでお知らせ願います。お客様にお願い致します。この先、バスが揺れますので、お立ちの方は手すり、つり革などにおつかまりください。車内での携帯電話のご使用は他のお客様の迷惑になる場合がございますので、電源をお切りになるか、マナーモードに設定し、通話はご遠慮ください。

본문 해석

[전철역 개찰구에서]

소연(혼잣말) : 서쪽 출구와 동쪽 출구가 있구나. 대체 어디로 나가면 될까?

소연 : 죄송합니다. 대학교로 가는 버스 정류장이 어디예요?

역무원 : 서쪽 출구를 나가서 왼쪽 계단을 내려가세요. 로터리를 따라 50미터 정도 가면 버스 정류장이 보입니다.

소연 : 감사합니다.

[버스 정류장에서]

소연(혼잣말) : 어? 이 버스 정류장이 맞을까?

소연 : 죄송한데요. 대학교로 가는 버스 정류장이 여기인가요?

버스를 기다리는 사람 : 어. 여기는 신린공원행 버스밖에 서지 않는데요…. 대학교행 버스 정류장은 조금 더 가야 할 것 같아요.

소연 : 아, 감사합니다.

[버스 안에서]

소연(혼잣말) : 다행이다. 하마터면 잘못 탈 뻔했네.

버스의 차내방송 : 오래 기다리셨습니다. 저희 버스를 이용해주셔서 감사합니다. 이 버스는 대학교행 버스입니다. 다음은 시청 입구, 시청 입구입니다. 내리실 분은 미리 하차벨을 눌러주시기 바랍니다. 고객님들께 부탁 말씀 드립니다. 잠시 후 버스가 흔들리므로 서 계신 분들은 손잡이를 잡아 주시기 바랍니다. 버스 내에서의 휴대전화 사용은 다른 고객들에게 방해가 되는 경우가 있으므로 전원을 끄시거나 진동 모드로 설정하시고 통화는 삼가해 주시기 바랍니다.

OX 퀴즈

대화문을 다시 듣고 다음의 내용이 맞으면 O, 틀리면 X를 표시해 보세요.

① ソヨンさんの降(お)りた駅(えき)には南口(みなみぐち)と北口(きたぐち)があります。
소연 씨가 내린 역에는 남쪽 출구와 북쪽 출구가 있습니다.

② 駅(えき)から近(ちか)いのは、大学(だいがく)行(ゆ)きのバス停(てい)ではなく、森林公園(しんりんこうえん)行(ゆ)きのバス停(てい)です。
역에서 가까운 곳은 대학교행 버스 정류장이 아니고 신린공원행 버스 정류장입니다.

③ バスの中(なか)では、小(ちい)さな声(こえ)であれば電話(でんわ)をしてもかまいません。
버스 안에서 작은 소리로는 전화를 해도 괜찮습니다.

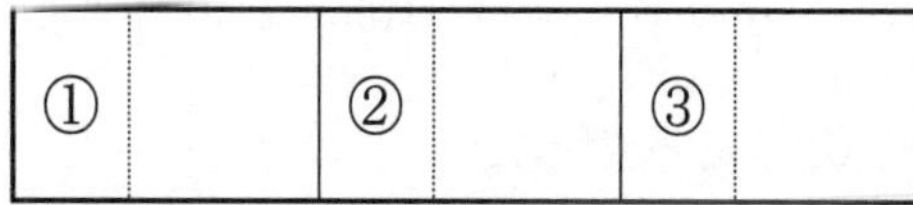

정답

듣기 연습 정답

① 五十(ごじゅう)メートルほど行(い)きます。

50미터 정도 갑니다.

② 電源(でんげん)を切(き)るか、マナーモードに設定(せってい)します。

전원을 끄거나 진동모드로 설정합니다.

문형 연습 정답

① に沿(そ)って

받으신 자료에 따라서 설명하겠습니다.

② ところだった

그녀의 생일을 깜빡 잊을 뻔했다.

OX 퀴즈 정답

① X

西口(にしぐち)と東口(ひがしぐち)しかありません。

서쪽 출구와 동쪽 출구만 있습니다.

② O

③ X

バスの中(なか)では通話(つうわ)をしてはいけません。

버스 안에서는 통화를 하면 안 됩니다.

길을 따라 가세요

학습 내용

大学の正門前でバスを降りたソヨンさん。寮に行くためには正門から少し歩かなければなりません。ソヨンさんは無事に寮にたどり着くことができるでしょうか。

소연 씨는 대학교 정문 앞에서 버스를 내렸습니다. 기숙사에 가기 위해서는 정문에서 조금 걸어야 합니다. 소연 씨는 무사히 기숙사에 도착할 수 있을까요?

듣기 연습

학습을 시작하기에 앞서 음성 파일을 듣고 다음 질문에 답해보세요.

① 建物が並んでいる順番を教えてください。
건물이 늘어서 있는 순서대로 말해 보십시오.

② ソヨンさんの通っていた大学はこの大学と比べて、大きいですか。
소연 씨가 다니던 대학교는 이 대학교에 비해서 큽니까?

어휘

くぐる	(동) (몸을 구부리고) 빠져 나가다, 뚫고 나가다
チャペル(chapel)	(명) 채플, 학교・병원 등의 예배당
道なり	(명) 길이 뻗어 있는 대로 따라감
右手	(명) 오른쪽
通り過ぎる	(동) 지나가다
渡る	(동) 건너다
ずいぶん	(부) 대단히, 몹시
うち	(명) 자기가 속해 있는 곳, 우리

주요 문형

1 ~にひきかえ ~에 반해/~와는 달리

それにひきかえ、うちの大学ときたら…。
그에 비하면 우리 대학교는….

> **동(보통형)/い형(보통형)/な형어간である/な형어간だった/명(な)/명である/명だった+(の)にひきかえ**
>
> - 동일 인물이나 사물에 대해 사용하지 않고 다른 인물이나 사물에 대해 사용하는 경우가 많다.
> - 앞 문장이 긍정적인 평가일 때는 뒤 문장은 부정적인 평가가 온다.
> - 'それにひきかえ(て)'라는 형태로 자주 사용한다.

예문

① 姉は口数が少ないのにひきかえ、妹はおしゃべりだ。
언니는 말수가 적은데 반해 여동생은 수다쟁이다.

② 上の子が健康であるのにひきかえ、下の子は病気ばかりしている。
첫째가 건강한데 비해 둘째는 병치레가 잦다.

③ 鈴木くんは毎日塾に通って勉強しているという。それにひきかえ、うちの子ときたら…。
스즈키 군은 매일 학원에 다니면서 공부한다고 한다. 그해 비하면 우리 아이는….

2 ～ときたら ～는(은)/～이라 하면

それにひきかえ、うちの大学ときたら…。
그에 비하면 우리 대학교는….

명+ときたら

- 회화에서 사용한다.
- 주제가 되는 것을 강조하여 불만 등을 말할 때 사용한다.

예문

① うちの息子ときたら、毎日のようにゲームばかりしている。
우리 아들은 매일 게임만 하고 있다.

② まったく最近の若者ときたら…。
정말 요즘 젊은 사람들이란….

③ 佐藤さんの旦那さんは部長に昇進したというのに、うちの旦那ときたら…。
사토 씨의 남편은 부장으로 승진했다고 하는데 우리 남편은….

문형 연습

① 兄が働き者であるの(　　　　　)、弟はいつも怠けてばかりだ。

② 業績の悪いA社でさえ、ボーナスが出たというのに、うちの会社(　　　　　)…。

본문

[大学正門の前・守衛室]

ソヨン：すみません。寮はどこにありますか。

守衛：この坂を登り終えると、A館があるんですが、その下をくぐるとチャペルが見えてきます。

ソヨン：はい。

守衛：チャペルの前を通って道なりにまっすぐ行くと、右手に図書館があるのですが、その前を通り過ぎて、橋を渡ったところにあります。

ソヨン：ありがとうございました。

[大学のキャンパスの中]

ソヨン：この大学、ずいぶん大きいな。それにひきかえ、うちの大学ときたら…。

ソヨン：あっ、橋だ。あの橋を渡ればいいのか。

본문 해석

[대학교 정문 앞/수위실]

소연 : 죄송한데요. 기숙사는 어디 있어요?

수위 : 이 언덕을 끝까지 올라가면 A관이 있는데, 그 아래를 지나면 예배당이 보여요.

소연 : 네.

수위 : 예배당 앞을 지나서 길을 따라 쭉 가면 오른편에 도서관이 있는데 그 앞을 지나 다리를 건너면 있습니다.

소연 : 감사합니다.

[대학교 캠퍼스 안]

소연 : 이 대학교는 상당히 크네. 그에 비하면 우리 대학교는….

소연 : 아, 다리다. 저 다리를 건너면 되는 건가.

OX 퀴즈

대화문을 다시 듣고 다음의 내용이 맞으면 O, 틀리면 X를 표시해 보세요.

① チャペルは、坂(さか)を登(のぼ)り終(お)えたところにあります。
예배당은 언덕을 끝까지 올라가면 있습니다.

② チャペルの前(まえ)を通(とお)り、道(みち)なりに行(い)くと左手(ひだりて)に図書館(としょかん)があります。
예배당 앞을 지나서 길을 따라 가면 왼쪽에 도서관이 있습니다.

③ 寮(りょう)は、橋(はし)を渡(わた)ったところにあります。
기숙사는 다리를 건너면 있습니다.

①		②		③	

정답

듣기 연습 정답

① A館(エーかん)、チャペル、図書館(としょかん)、寮(りょう)の順(じゅん)に並(なら)んでいます。
A관, 예배당, 도서관, 기숙사 순서로 건물이 있습니다.

② この大学(だいがく)と比(くら)べると小(ちい)さいです。
이 대학교에 비해 작습니다.

문형 연습 정답

① にひきかえ
형이 부지런한 사람인데 반해 남동생은 항상 게으름만 피운다.

② ときたら
실적이 나쁜 A사조차 보너스가 나왔다고 하는데 우리 회사는….

OX 퀴즈 정답

① X
坂(さか)を登(のぼ)り終(お)えたところにあるのは、A館(エーかん)です。
언덕을 끝까지 올라간 곳에 있는 건물은 A관입니다.

② X
図書館(としょかん)があるのは、左手(ひだりて)ではなく、右手(みぎて)です。
도서관이 있는 곳은 왼쪽이 아니라 오른쪽입니다.

③ O

폐문 시간은 밤 12시입니다

학습 내용

管理人さんが、ソヨンさんに寮の規則を説明しています。寮ではどんなことに気をつけなければならないのでしょうか。

관리인이 소연 씨에게 기숙사 규칙을 설명하고 있습니다. 기숙사에서는 어떤 것에 주의해야 할까요?

듣기 연습

학습을 시작하기에 앞서 음성 파일을 듣고 다음 질문에 답해보세요.

① 寮の朝食と夕食は何時から何時までですか。
기숙사의 아침식사와 저녁식사는 몇시부터 몇시까지입니까?

② 共用の備品にはどんなものがありますか。
공용 비품에는 어떤 것이 있습니까?

어휘

札(ふだ)	(명) 팻말, 표
外泊(がいはく)	(명/スル) 외박
届け(とど)	(명) 신고서, 신고
門限(もんげん)	(명) 폐문 시간, 귀가 시간
どうしても	(부) 아무리 해도, 아무래도
あらかじめ	(부) 미리, 사전에
備品(びひん)	(명) 비품
完備(かんび)	(명/スル) 완비, 구비

주요 문형

1 ~さい(に) ~때(에)/~시(에)

外出の際は、こちらの札を「在寮」から「外出」に替えてください。
외출 시에는 이 팻말을 '재실'에서 '외출'로 바꿔 주세요.

동(기본형)/동(た형)/명の+さい(に)

- 특별한 상황에 있을 때, 특별한 상황이 되었을 때라는 의미이다.
- '~(の)ときに(~할 때에)' '~(の)場合(~의 경우)' 등과 같은 의미이다.
- '~(の)ときに'보다 격식을 차린 표현이다.
- 일상생활에서는 별로 사용하지 않고, 공적인 자리에서 사용하는 경우가 많다.

예문

① 定員を超えた際は、抽選とさせて頂きます。
정원을 초과할 시에는 추첨을 하겠습니다.

② 室内で使用する際は、必ず換気を行ってください。
실내에서 사용할 때는 반드시 환기를 하십시오.

③ ご予約の際は、お電話でお問い合わせください。
예약하실 때는 전화로 문의해 주십시오.

2 ～におうじて ～에 따라

ドライヤーや電気ポットなどは必要に応じて購入するようにしてください。
드라이어나 전기 포트 등은 필요에 따라 구입하시면 됩니다.

명+におうじて

- '～に合わせて(～에 맞추어서)'라는 의미이다.
- 'Aに応じてB'는 A라는 변화・기준・작용에 대응하여 B가 변화할 때 사용한다.
- 문어체로 사용하는 경우가 많다.
- 명사를 수식할 때는 '명+におうじた+명'의 형태로 사용한다.

예 お客さまのニーズに応じた柔軟なサービスを提供する。
고객의 니즈에 따라 유연한 서비스를 제공한다.

예문

① その場の状況に応じて、臨機応変に対応する。
그 자리의 상황에 따라 임기응변으로 대응하다.

② 保険料は、給料などの報酬に応じて決められる。
보험료는 급여 등의 보수에 따라 정해진다.

③ 動画の再生回数に応じて、広告収入が支払われる。
동영상의 재생 횟수에 따라서 광고수입이 지불된다.

문형 연습

① 個々の患者の症状(　　　　　　　　)薬を処方する。

② 当院を受診される(　　　　　　　　)は紹介状をお持ちください。

본문

[学生寮の玄関]

管理人： 外出の際は、こちらの札を「在寮」から「外出」に替えてください。それと旅行に行くときは必ず外泊届けを出すようにしてください。

ソヨン： 分かりました。

管理人： 門限は午前零時ですので、遅れないようにしてください。どうしても遅れそうなときは、あらかじめ連絡をしてください。

ソヨン： はい。

[学生寮の食堂]

管理人： こちらが食堂です。食事の時間は、朝食が午前七時から九時まで、夕食が午後六時から九時までとなっています。それ以外の時間は、寮生同士の交流スペースとして利用することができます。

ソヨン： はい。

[学生寮の洗濯室]

管理人： こちらが洗濯室です。洗濯室が使えるのは、午前七時から午後十時までとなっています。洗剤は自分で用意するようにしてください。

ソヨン： はい。

[学生寮の二〇五号室]

管理人： ソヨンさんのお部屋は、二〇五号室です。お部屋には、ベッド、本棚、机、電気スタンドなど、必要最低限のものしかありませんので、ドライヤーや電気ポットなどは必要に応じて購入するようにしてください。アイロンとアイロン台、冷蔵庫、電子レンジ、掃除機は共用の備品として完備されているので、自由に使ってください。それと、他に分からないことがあったら、何(なん)でも聞(き)いてくださいね。

ソヨン：ありがとうございます。

Tip

원래는 '二(に)'와 '五(ご)'라고 표기하지만 실제로 읽을 때는 박자를 맞추기 위해서 '二(にい)'와 '五(ごお)'처럼 장음으로 읽습니다.

본문 해석

[학생 기숙사의 현관]

관리인 : 외출 시에는 이 팻말을 '재실'에서 '외출'로 바꿔 주세요. 그리고 여행을 갈 때는 반드시 외박 신청서를 제출하도록 하세요.

소연 : 알겠습니다.

관리인 : 기숙사 폐문 시간은 밤 12시니까 늦지 않도록 하시고, 어쩔 수 없이 늦을 것 같은 경우는 미리 연락을 주세요.

소연 : 네.

[학생 기숙사의 식당]

관리인 : 여기가 식당입니다. 식사 시간은 아침식사가 오전 7시부터 9시까지, 저녁식사가 오후 6시부터 9시까지입니다. 그 외의 시간은 기숙사생들의 교류 장소로 이용할 수 있습니다.

소연 : 네.

[학생 기숙사의 세탁실]

관리인 : 여기가 세탁실입니다. 세탁실을 이용할 수 있는 시간은 오전 7시부터 오후 10시까지입니다. 세제는 직접 준비하세요.

소연 : 네.

[학생 기숙사 205호실]

관리인 : 소연 씨의 방은 205호실입니다. 방에는 침대, 책장, 책상, 전기 스탠드 등 필요 최소한의 물건밖에 없기 때문에 드라이어나 전기 포트 등은 필요에 따라 구입하시면 됩니다. 다리미와 다리미판, 냉장고, 전자 레인지, 청소기는 공용 비품으로 구비되어 있으니 자유롭게 사용하세요. 그리고 이 외에 모르는 것이 있으면 무엇이든 물어보시고요.

소연 : 감사합니다.

OX 퀴즈

대화문을 다시 듣고 다음의 내용이 맞으면 O, 틀리면 X를 표시해 보세요.

① 外出するときは、外泊届けを出します。
외출할 때는 외박 신청서를 제출합니다

② 門限は午前二時です。
폐문 시간은 오전 2시입니다.

③ 洗濯室は、午前七時から午後十時までしか使えません。
세탁실은 오전 7시부터 오후 10시까지만 사용할 수 있습니다.

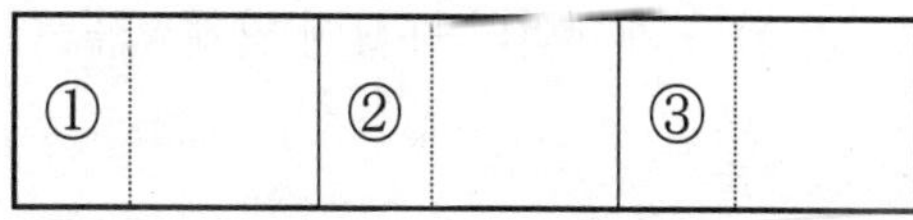

정답

듣기 연습 정답

① 朝食は午前七時から九時までで、夕食は午後六時から九時までです。
아침식사는 오전 7시부터 9시까지이고, 저녁식사는 오후 6시부터 9시까지입니다.

② アイロンとアイロン台、冷蔵庫、電子レンジ、掃除機があります。
다리미와 다리미판, 냉장고, 전자 레인지, 청소기가 있습니다.

문형 연습 정답

① に応じて
환자 개개인의 증상에 맞게 약을 처방한다.

② 際
본원에 진료 받으러 오실 때는 진료의뢰서를 가져오시기 바랍니다.

OX 퀴즈 정답

① X
外出するときは、札を「在寮」から「外出」に替えます。
외출할 때는 팻말을 '재실'에서 '외출'로 바꿉니다.

② X
門限は午前零時です。
폐문 시간은 밤 12시입니다.

③ O

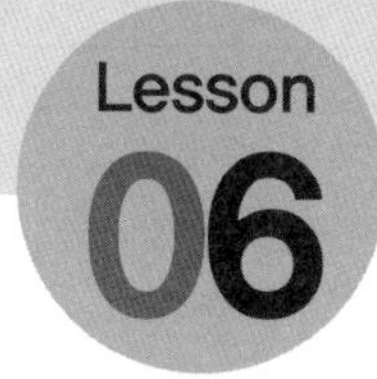
Lesson
06

지진이 발생했습니다

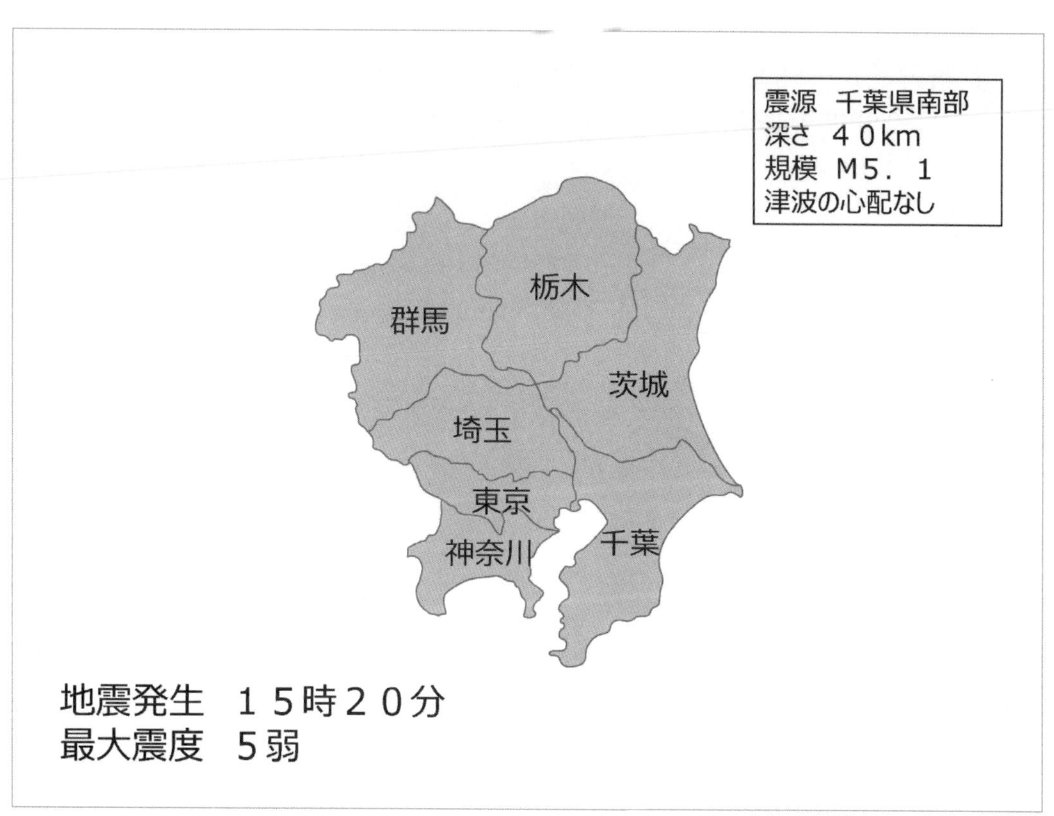
震源　千葉県南部
深さ　４０km
規模　Ｍ５．１
津波の心配なし
群馬
栃木
茨城
埼玉
東京
神奈川
千葉
地震発生　１５時２０分
最大震度　５弱

학습 내용

ソヨンさんが寮(りょう)にいるとき、地震(じしん)が起(お)こりました。テレビでは地震(じしん)に関(かん)するニュースが流(なが)れています。

소연 씨가 기숙사에 있을 때 지진이 발생했습니다. TV에서는 지진에 관한 뉴스가 나오고 있습니다.

듣기 연습

학습을 시작하기에 앞서 음성 파일을 듣고 다음 질문에 답해보세요.

① 地震(じしん)の震度(しんど)とマグニチュードを教(おし)えてください。
지진의 진도와 규모를 말해 보십시오.

② 新幹線(しんかんせん)が一時運転(いちじうんてん)を見合(みあ)わせた理由(りゆう)を教(おし)えてください。
신칸센이 일시적으로 운행을 중단한 이유는 무엇입니까?

어휘

先(さき)ほど	(명/부) 조금 전, 아까
震度(しんど)	(명) 진도
落(お)ち着(つ)く	(동) 안정되다, 진정되다
ゆれ	(명) 흔들림, 진동
ひとまず	(부) 일단, 우선
様子(ようす)を見(み)る	상황을 지켜보다
マグニチュード	(명) 매그니튜드, 리히터 규모, 규모
見合(みあ)わせる	(동) 보류하다, 중단하다

주요 문형

1 ～によると/～によれば/～によりますと ～에 따르면

気象庁によりますと、震源は千葉県南部であるということです。
기상청에 따르면 진원은 치바현 남부라고 합니다.

> **명+によると/によれば/によりますと**
> - 정보의 출처나 판단의 근거를 나타낸다.
> - 문미에는 '～だそうだ' '～らしい'와 같은 전문표현이 오는 경우가 많다.
> - 'です' 'ます'로 끝나는 문장의 경우는 '～によりますと'도 사용할 수 있다.

예문

① 専門家によると、噴火活動はしばらく続くとのことだ。
전문가에 따르면 분화활동은 당분간 지속된다고 한다.

② 彼の話によれば、成功する可能性は低いそうだ。
그의 말에 따르면 성공할 가능성은 낮은 것 같다.

③ 研究によれば、飲酒はがんのリスクを高めるという。
연구에 따르면 음주는 암의 위험성을 높인다고 한다.

2 ～による/～によって ～로 인한/～에 의해

この地震(じしん)による津波(つなみ)の心配(しんぱい)はありません。
이번 지진으로 인한 쓰나미의 위험은 없습니다.

명+による+명
명+によって

- '～によって'는 '～で(～로)'라는 의미이다.
- 원인・이유・수단・방법・근거를 나타낸다.
- '～に応(おう)じて(～에 따라)'라는 의미도 있다.

예 送料(そうりょう)は、荷物(にもつ)の重(おも)さによって異(こと)なる。
배송료는 물건의 무게에 따라 다르다.

예문

① 人間(にんげん)による自然破壊(しぜんはかい)が、生態系(せいたいけい)を破壊(はかい)した。
인간에 의한 자연파괴가 생태계를 파괴했다.

② 未成年者(みせいねんしゃ)の喫煙(きつえん)は法律(ほうりつ)によって、禁(きん)じられている。
미성년자의 흡연은 법률로 금지되어 있다.

③ 橋(はし)ができたことによって、島(しま)に多(おお)くの観光客(かんこうきゃく)が訪(おとず)れるようになった。
다리가 놓임으로써 섬에 많은 관광객이 찾아오게 되었다.

문형 연습

① 医学(いがく)の発達(はったつ)(　　　　　　　)、人間(にんげん)の平均寿命(へいきんじゅみょう)ははるかに延(の)びた。

② 世界保健機関(せかいほけんきかん)(WHO)(　　　　　　　)、毎年三万五千人(まいとしさんまんごせんにん)から五万人(ごまんにん)が狂犬病(きょうけんびょう)によって死亡(しぼう)しているという。

본문

[ソヨンの部屋]

ソヨン(ひとりごと): うわっ、地震だ！

[テレビのニュース]

ニュースキャスター: 先ほど、午後三時二十分頃関東地方で最大震度五弱の地震が発生しました。地震があった地域の皆さん、落ち着いてください。危険な場所には絶対に近づかないようにしてください。このあとも強いゆれに警戒してください。

[管理人室]

ソヨン: あのう、すみません。避難しなくても大丈夫なんでしょうか。

管理人: ええ。ひとまずおさまったみたいなので、ちょっと様子を見てみましょう。

[テレビのニュース]

ニュースキャスター: 今日午後三時二十分頃、関東地方で最大震度五弱の揺れを観測する強い地震がありました。気象庁によりますと、震源は千葉県南部、震源の深さは四十キロ、地震の規模を示すマグニチュードは5.1と推定されています。この地震による津波の心配はありません。千葉県警によりますと、今現在、被害の情報は入っていないということです。新幹線は一時的に発生した停電の影響で、一時、運転を見合わせましたが、現在は再開しています。

[ソヨンの部屋]

ソヨン(ひとりごと): よかった。特に大きな被害はなかったみたい。

본문 해석

[소연의 방]

소연(혼잣말) : 앗, 지진이다!

[TV 뉴스]

뉴스 앵커 : 방금 전, 오후 3시 20분경 관동(関東)지방에서 최대 진도 5약(弱)의 지진이 발생했습니다. 지진 발생 지역에 계신 분들은 침착하시기 바랍니다. 위험한 장소에는 절대로 가까이 가지 마시기 바랍니다. 이후에도 강한 여진에 주의하시기 바랍니다.

[관리인실]

소연 : 저, 죄송한데요. 대피하지 않아도 괜찮을까요?

관리인 : 네. 일단 진정된 것 같으니까 조금 더 상황을 보도록 하죠.

[TV 뉴스]

뉴스 앵커 : 오늘 오후 3시 20분경 관동지방에서 최대 진도 5약의 진동이 관측된 강한 지진이 발생했습니다. 기상청에 따르면 진원은 치바현(千葉県) 남부, 진원의 깊이는 40km, 지진의 규모를 나타내는 매그니튜드는 5.1로 추정되고 있습니다. 이번 지진으로 인한 쓰나미의 위험은 없습니다. 치바현 경찰에 따르면 현재, 피해 정보는 들어오지 않았다고 합니다. 신칸센은 일시적으로 발생한 정전의 영향으로 한때 운행을 중단했습니다만 현재는 재개되었습니다.

[소연의 방]

소연(혼잣말) : 다행이다. 특별히 큰 피해는 없었던 것 같네.

OX 퀴즈

대화문을 다시 듣고 다음의 내용이 맞으면 O, 틀리면 X를 표시해 보세요.

① ソヨンさんと管理人(かんりにん)さんは、今(いま)から避難(ひなん)する予定(よてい)です。
소연 씨와 관리인은 이제부터 대피할 예정입니다.

② 震源(しんげん)の深(ふか)さは、十四(じゅうよん)キロです。
진원의 깊이는 14 km입니다.

③ この地震(じしん)によって、津波(つなみ)が起(お)こる可能性(かのうせい)があります。
이번 지진으로 쓰나미가 발생할 가능성이 있습니다.

①		②		③	

정답

듣기 연습 정답

① 震度五弱、マグニチュード5.1です。

진도 5약, 규모 5.1입니다.

② 停電したためです。

정전되었기 때문입니다.

문형 연습 정답

① によって

의학의 발달로 인해 인간의 평균수명이 훨씬 연장되었다.

② によると

세계보건기구(WHO)에 따르면, 매년 3만 5천명에서 5만명이 광견병으로 사망한다고 한다.

OX 퀴즈 정답

① X

地震はひとまずおさまったようなので、様子を見ることにしました。

지진이 일단 진정된 것 같아서 상황을 보기로 했습니다.

② X

震源の深さは、四十キロです。

진원의 깊이는 40 km입니다.

③ X

この地震による津波の心配はありません。

이번 지진으로 인한 쓰나미의 위험은 없습니다.

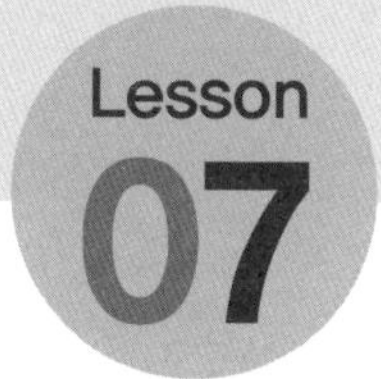

직원에게 물어보세요

학습 내용

ソヨンさんは外国語教育センターのオリエンテーションに参加しています。外国語教育センターとは、いったいどのようなところなのでしょうか。

소연 씨는 외국어교육센터의 오리엔테이션에 참가하고 있습니다. 외국어교육센터란 어떤 곳일까요?

듣기 연습

학습을 시작하기에 앞서 음성 파일을 듣고 다음 질문에 답해보세요.

① 外国語教育センターには何語ができるスタッフがいますか。
외국어교육센터에는 어떤 언어가 가능한 직원이 있습니까?

② 本館の中央の入口から外国語教育センターへの行き方を説明してください。
본관 중앙 입구에서 외국어교육센터로 가는 방법을 설명해 보십시오.

어휘

申す	(동) 言う(말하다)의 겸양어II
有意義	(명/な형) 유의미, 의미가 있음
大いに	(부) 많이, 대단히, 매우
直接	(명) 직접
正面	(명) 정면
向かい	(명) 맞은편, 정면
あたり	(명) 근처, 부근
寄る	(동) 들르다

주요 문형

1 ～をちゅうしんに(して) ～을 중심으로 (해서)

利用方法を中心に話を進める。

이용방법을 중심으로 이야기를 진행하다.

명+をちゅうしんに(して)

- 어떤 사항을 어떤 범위의 중심에 두고 무엇인가를 진행한다는 의미이다.
- '～を主に(～을 주로)'라는 의미로도 사용한다.
- 명사를 수식하는 경우는 '명+をちゅうしんとする(～을 중심으로 하는)+명' '명+をちゅうしんとした(～을 중심으로 한)+명'이 된다.

예 最近アジアを中心とする外国人観光客が急速に増加している。

최근 아시아를 중심으로 한 외국인 관광객이 급속하게 증가하였다.

예 地球は太陽を中心とした「太陽系」に属している。

지구는 태양을 중심으로 한 '태양계'에 속해 있다.

예문

① 彼を中心にして記念写真を撮った。

그를 중심으로 해서 기념사진을 찍었다.

② 期末テストは後半に習った内容を中心に出題します。

기말시험은 후반에 배운 내용을 중심으로 출제하겠습니다.

③ 昨日のコンサートには若者を中心に四万人以上の人が集まった。

어제 콘서트에는 젊은 층을 중심으로 4만 명 이상의 사람들이 모였다.

2 ～ついでに　～김에

来たついでに寄って行こう。
온 김에 들러서 가자.

동(기본형)/동(た형)/명の＋ついでに

- 원래 목적이었던 행위를 하는 기회를 이용하여 다른 행위도 한다는 의미이다.
- 명사의 경우, 활동과 관련된 명사를 사용한다.
- 'ついでに(하는 김에/내친 김에)'만으로 사용하는 경우도 있다.

예 郵便局に手紙を出しに行った。ついでに、スーパーで買い物もした。
우체국에 편지를 부치러 갔다. 내친 김에 슈퍼에서 장도 봤다.

예문

① 出張のついでに、実家にも寄って来る予定です。
출장 간 김에 본가에도 들러서 올 예정입니다.

② 大阪に行くついでに、神戸にも行ってみようと思う。
오사카에 간 김에 고베에도 가보려고 생각한다.

③ エアコンを設置したついでに、故障したテレビも直してもらった。
에어컨을 설치한 김에 고장 난 TV도 고쳤다.

문형 연습

① 美容院に行った(　　　　　　)気になっていた映画も見てきました。

② この講座は日本語学の基礎(　　　　　　)学ぶ講座です。

본문

[講義室]

担当者 : 皆さん、こんにちは。外国語教育センターの藤本と申します。今日は語学を学ぶためにいらっしゃった皆さんが、有意義に過ごすために、外国語教育センターを大いに活用してほしい、ということで、センターの利用方法を中心に話を進めていきたいと思います。

ソヨン(ひとりごと) : 外国語教育センターって、何をするところなのかな？

担当者 : 皆さんある程度の日本語ができるということですので、今日は全て日本語で話すことにします。ですが、もし、何かわからない部分がある場合は、センターに英語、中国語、韓国語、ベトナム語ができるスタッフがいるので、そのスタッフに直接聞いてください。

ソヨン(ひとりごと) : 韓国語ができる人がいるんだ。よかった、安心した。

担当者 : まず、外国語教育センターの位置ですが、今皆さんがいるこの建物の正面、向かいになります。ちょうど窓から見えますね。

ソヨン : あの建物ですか。

担当者 : はい、あのグレーの建物です。あの建物が本館になります。外国語教育センターは本館二階の真ん中あたりです。中央の入口から入って、すぐ前の階段を二階まで上がると目の前にあります。本館には他に教務課、学生課、学生相談室、銀行などもありますから、皆さん、これから利用する機会が多いと思いますよ。

ソヨン(ひとりごと) : あ、そういえば、教務課に提出する書類、期限が明日までだったっけ。来たついでに寄って行こうっと。

본문 해석

[강의실]

담당자 : 여러분, 안녕하세요. 외국어교육센터의 후지모토라고 합니다. 오늘은 어학을 배우기 위해서 오신 여러분들이 의미 있는 시간을 보내기 위해, 외국어교육센터를 많이 활용하시라는 의미로 센터의 이용방법을 중심으로 오리엔테이션을 진행해 나가고자 합니다.

소연(혼잣말) : 외국어교육센터는 뭘 하는 곳일까?

담당자 : 여러분은 어느 정도 일본어가 가능하시기 때문에 오늘은 전부 일본어로 말하도록 하겠습니다. 하지만 만약에 모르는 부분이 있는 경우는 센터에 영어, 중국어, 한국어, 베트남어가 가능한 직원이 있으니 그 직원에게 직접 물어보시기 바랍니다.

소연(혼잣말) : 한국어가 가능한 사람이 있구나. 다행이다, 마음이 놓이네.

담당자 : 우선 외국어교육센터의 위치인데요, 여러분이 계신 이 건물의 정면, 건너편이 되겠습니다. 창문으로 딱 보이죠.

소연 : 저 건물입니까?

담당자 : 네, 저 회색 건물입니다. 저 건물이 본관입니다. 외국어교육센터는 본관 2층의 정중앙 부근에 있습니다. 중앙 입구로 들어가서 바로 앞에 있는 계단을 2층까지 올라가면 바로 앞에 있습니다. 본관에는 이외에도 교무과, 학생과, 학생상담실, 은행 등도 있으니까 여러분, 앞으로 이용할 기회가 많을 거라고 생각합니다.

소연(혼잣말) : 아, 그러고 보니 교무과에 제출할 서류, 기한이 내일까지였나? 온 김에 들러야겠다.

OX 퀴즈

대화문을 다시 듣고 다음의 내용이 맞으면 O, 틀리면 X를 표시해 보세요.

① 話を聞いている学生の中には、日本語が全くできない人もいます。
오리엔테이션을 듣고 있는 학생 중에는 일본어를 전혀 못하는 사람도 있습니다.

② 本館は白い建物です。
본관은 흰색 건물입니다.

③ 本館には銀行があります。
본관에는 은행이 있습니다.

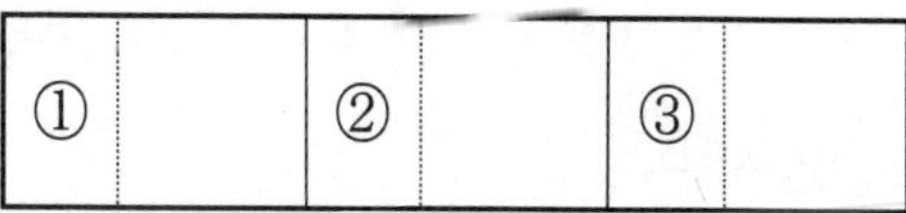

정답

듣기 연습 정답

① 英語、中国語、韓国語、ベトナム語です。
영어, 중국어, 한국어, 베트남어입니다.

② 中央の入口から入って、すぐ前の階段を二階まで上がると目の前にあります。
중앙 입구로 들어가서 바로 앞에 있는 계단을 2층까지 올라가면 바로 앞에 있습니다.

문형 연습 정답

① ついでに
미용실에 간 김에 보고 싶었던 영화도 보고 왔습니다.

② を中心に
이 강좌는 일본어학의 기초를 중심으로 공부하는 강좌입니다.

OX 퀴즈 정답

① X
話を聞いている学生はみんな、ある程度日本語ができます。
이야기를 듣고 있는 학생은 전부 어느 정도 일본어가 가능합니다.

② X
本館はグレーの建物です。
본관은 회색 건물입니다.

③ O

타임세일 시간입니다

학습 내용

ソヨンさんは大学の近くにあるスーパーにやって来ました。店内放送を聞き取って、うまく買い物をすることができるでしょうか。

소연 씨는 대학교 근처에 있는 슈퍼에 왔습니다. 슈퍼의 안내방송을 듣고 물건을 잘 살 수 있을까요?

듣기 연습

학습을 시작하기에 앞서 음성 파일을 듣고 다음 질문에 답해보세요.

① 店内放送では何を知らせていますか。
안내방송에서는 무엇을 알려주고 있습니까?

② ソヨンさんはいちごをいくらで買いましたか。
소연 씨는 딸기를 얼마에 샀습니까?

어휘

ご来店	(명) 내점, '가게에 오다'의 존경어
ただいま	(명) 지금, 곧
当~	(연체) 당~
目玉	(명) 관심을 끄는 것, 중심이 되는 것
なんと	(부/감) 이 얼마나, 무려
さらに	(부) 게다가, 더 한층
お買い得	(명) 사면 득이 됨
なるべく	(부) 가능한, 가급적

주요 문형

1 ～てたまらない ～해서 참을 수 없다/～해서 견딜 수 없다

いちご、食(た)べたくてたまんない。
딸기가 먹고 싶어서 참을 수 없다.

동(て형)/い형어간くて/な형어간で+たまらない

- 'とても～(너무～)'라는 강한 마음을 표현한다.
- 감정이나 희망을 나타내는 단어에 접속한다.
- 회화에서는 '～てたまんない'가 되는 경우도 있다.

예문

① 数学(すうがく)の勉強(べんきょう)が嫌(いや)でたまらない。
수학 공부가 싫어서 견딜 수 없다.

② 高級(こうきゅう)ブランドのかばんが欲(ほ)しくてたまらない。
명품 가방이 너무 갖고 싶다.

③ 無理(むり)なダイエットのせいで、お腹(なか)がすいてたまらない。
무리한 다이어트 탓에 배가 고파서 견딜 수가 없다.

2 ～かねる ～하기 어렵다/～할 수 없다

私(わたし)ではちょっと分(わ)かりかねる。
나로서는 잘 모르겠다.

동(ます형)+かねる

- '～できない(～할 수 없다)'라는 의미이다.
- 일상적인 대화보다 공식적인 자리에서 사용하는 경우가 많다.
- '見(み)るに見(み)かねて(보다 못해)'라는 관용적인 표현도 있다.

예 雨(あめ)にぬれる捨(す)て猫(ねこ)を見(み)るに見(み)かねて家(いえ)に連(つ)れ帰(かえ)った。
비를 맞고 있는 버려진 고양이를 보다 못해 집으로 데려왔다.

예문

① 大企業(だいきぎょう)と中小企業(ちゅうしょうきぎょう)のどちらにするか、決(き)めかねている。
대기업과 중소기업 어느 쪽으로 할지 결정하지 못하고 있다.

② 多(おお)くの反発(はんぱつ)が予想(よそう)されるため、今(いま)の時点(じてん)では発表(はっぴょう)しかねる。
많은 반발이 예상되기 때문에 지금 시점에서는 발표하기 어렵다.

③ あまりにも無謀(むぼう)であるため、その意見(いけん)には賛成(さんせい)しかねる。
너무나 무모하기 때문에 그 의견에는 찬성하기 어렵다.

문형 연습

① 一人(ひとり)で暮(く)らしている母(はは)のことが心配(しんぱい)で(　　　　　　)。

② 労働条件(ろうどうじょうけん)の悪(わる)さに耐(た)え(　　　　　　)、ついに辞表(じひょう)を出(だ)した。

본문

[スーパーの入口付近]

ソヨン(ひとりごと) : わあ、人が多いな。このスーパー安いのかな。

店長による店内放送 : ご来店のお客様、ただいまから当店目玉のタイムセールの時間です。まずは、野菜コーナー、ブロッコリーが本日の広告で百円のところを、なんと今から十分間だけ七十円、七十円。続きまして、果物コーナー、いちご一パック三百円を今から十分間、二パック五百円、五百円。さらに、魚コーナーではサーモンがお買い得。

ソヨン(ひとりごと) : いちごが安くなるんだ。えっと、果物コーナーはどこだろう。ああ、いちごが食べたくてたまんない…。

[果物コーナー]

ソヨン(ひとりごと) : すごい、人！ちょっと待って、さっきいちごがいくらだって言ってたっけ。

ソヨン : すみません。いちご、いくらですか。

店員 : 今タイムセールなので、二パック五百円です。十分しかないので、なるべく急いだ方がいいですよ。

ソヨン : あのう、私、一パックだけほしいんですけど…。

店員 : えーっと、一パックですか。私ではちょっと分かりかねるので、あそこにいる店長に聞いてみてもらえますか。

ソヨン : はい、ありがとうございます。

[果物コーナーの近く]

ソヨン : あのう、すみません。私、いちごを一パックだけほしいんですけど…。

店長 : えー、タイムセールは二パック五百円ということになっているんだよね。でもまあ、お姉さんは特別！その半分の値段でいいよ！

ソヨン：本当(ほんとう)ですか！ありがとうございます。

Tip

'一パック'의 경우는 'いちパック'와 'ひとパック', '二パック'의 경우는 'にパック'와 'ふたパック'를 다 사용할 수 있습니다.

본문 해석

[슈퍼의 입구 근처]

소연(혼잣말) : 와, 사람이 많네. 이 슈퍼가 싼가.

점장의 안내방송 : 저희 슈퍼를 찾아주신 고객님, 지금부터 저희 매장의 인기 이벤트, 타임세일 시간입니다. 먼저 채소 코너, 브로콜리가 오늘 광고에서 100엔이던 것을 지금부터 10분 동안만 70엔, 70엔. 계속해서 과일 코너, 딸기 한 팩 300엔을 지금부터 10분 동안 2팩에 500엔, 500엔. 그리고 생선 코너에서는 연어를 특별가로 판매합니다.

소연(혼잣말) : 딸기를 싸게 파는구나. 그런데 과일 코너가 어디지. 아, 딸기가 너무 먹고 싶다….

[과일 코너]

소연(혼잣말) : 사람이 엄청나네! 잠깐, 아까 딸기가 얼마라고 했더라.

소연 : 저기요. 딸기 얼마예요?

점원 : 지금 타임세일이라 2팩에 500엔입니다. 10분밖에 없으니 가능한 서두르시는 편이 좋아요.

소연 : 저, 저는 한 팩만 사고 싶은데요….

점원 : 아, 한 팩이요. 저는 잘 모르겠으니 저기 있는 점장님께 물어보시겠어요?

소연 : 네, 감사합니다.

[과일 코너 근처]

소연 : 저기요. 저는 딸기를 한 팩만 사고 싶은데요….

점장 : 어, 타임세일은 2팩에 500엔으로 팔고 있어요. 하지만 뭐, 언니는 특별히! 그 반값으로 드릴게요!

소연 : 정말이요! 감사합니다.

OX 퀴즈

대화문을 다시 듣고 다음의 내용이 맞으면 O, 틀리면 X를 표시해 보세요.

① タイムセールはお客さんに人気があります。
타임세일은 고객들에게 인기가 있습니다.

② タイムセールは三十分間だけ行われます。
타임세일은 30분 동안만 진행합니다.

③ 店員さんがソヨンさんにいちごが一パックいくらであるかを教えてくれました。
점원은 소연 씨에게 딸기가 한 팩에 얼마인지 알려주었습니다.

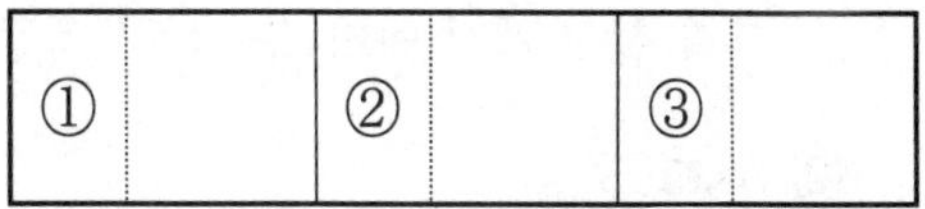

정답

듣기 연습 정답

① タイムセールの内容(ないよう)です。
타임세일의 내용입니다.

② 二百五十円(にひゃくごじゅうえん)で買(か)いました。
250엔에 샀습니다.

문형 연습 정답

① たまらない
혼자 살고 계신 어머니가 너무 걱정된다.

② かねて
열악한 노동조건을 견디지 못해 결국 사표를 냈다.

OX 퀴즈 정답

① O

② X

タイムセールは十分間(じゅっぷんかん)だけ行(おこな)われます。
타임세일은 10분 동안만 진행합니다.

③ X

店長(てんちょう)さんがソヨンさんにいちごが一(いち)パックいくらであるかを教(おし)えてくれました。
점장이 소연 씨에게 딸기가 한 팩에 얼마인지 알려주었습니다.

Lesson
09

맞장구를 치면서 듣는다

オープンキャンパ
開催
MEIJI NOW
明大生
情報サイト
視の最前線
MEIJI UNIVERSITY

학습 내용

ソヨンさんは、大学で行われる就職活動生のための講座を聞いてみることにしました。講座のテーマは「感じのよい話し方・聞き方」です。

소연 씨는 대학교에서 열리는 취업준비생을 위한 강좌를 들어보기로 했습니다. 강좌의 주제는 '좋은 인상을 주는 말하기·듣기 방법' 입니다.

듣기 연습

학습을 시작하기에 앞서 음성 파일을 듣고 다음 질문에 답해보세요.

① 話を聞く時、質問はいつすればいいですか。
이야기를 들을 때, 질문은 언제 하면 됩니까?

② 相づちにはどんな効果がありますか。
맞장구에는 어떤 효과가 있습니까?

어휘

保つ	(동) 유지하다
限目	(명) ~번째 시간, ~교시
さえぎる	(동) 가로막다
うなずく	(동) 수긍하다, 고개를 끄덕이다
相づちを打つ	맞장구를 치다
うながす	(동) 재촉하다, 촉구하다
真剣	(명/な형) 진지함
まなざし	(명) 눈빛, 시선, 눈길

주요 문형

1 ～において　～에서

どんな場合においても、話し方、聞き方が重要になってくる。
어떤 경우에도 말하는 방법, 듣는 방법이 중요하다.

명+において
- 동작 · 작용이 이루어지는 시간 · 장소 · 경우 · 영역을 나타낸다.
- 기본적으로는 '～で(～에서)'로 바꿔 쓸 수 있다.
- 격식을 차린 문어체에서 사용하는 경우가 많다.
- 명사를 수식할 때 사용하는 '명+における+명'은 '명+での+명'이라는 의미이다.

예 人生におけるターニング·ポイントを振り返る。
인생에서의 터닝포인트를 되돌아보다.

예문

① 特許庁は審査において採用された商品を公表した。
특허청은 심사에서 채택된 상품을 공표했다.

② レポートや論文においては、文体を揃える必要がある。
리포트나 논문에서는 문체를 통일할 필요가 있다.

③ 2018年のワールドカップはロシアにおいて開催された。
2018년 월드컵은 러시아에서 개최되었다.

2 ～ながら ～하면서

うなずいたり、相づちを打ちながら聞く。
고개를 끄덕이거나 맞장구를 치면서 듣다.

동(ます형)+ながら
- 두 가지 동작·상태가 병행해서 이루어지는 것을 나타낸다.
- 뒤의 동작이 주요한 동작이며, 앞의 동작은 부차적인 것이 된다.
- 동시 병행의 용법 외에 '~けれども(~이지만)' 등의 의미를 나타내는 역접 용법도 있다.
- 역접의 경우는 '동(ます형)/동(ない형)/い형/な형어간な/な형であり/명であり+ながら(も)'가 된다.

예 ささやかながらお礼の品を贈らせていただきます。
변변찮지만 답례품을 보내드리겠습니다.

예문

① スマホを見ながら歩くのは危険だ。
스마트폰을 보면서 걷는 것은 위험하다.

② その学生は働きながら大学に通っている。
그 학생은 일하면서 대학교에 다니고 있다.

③ 久しぶりにお茶でも飲みながら話しましょう。
오랜만에 차라도 마시면서 이야기합시다.

문형 연습

① 今回の会議は大阪(　　　　　)開催される運びとなりました。

② 音楽を聞き(　　　　　)散歩をするのが私のストレス解消法です。

본문

[講義室]

講師 : 皆さん、どんな場合においても、人間関係を良好に保つためには、話し方、聞き方が重要になってきます。一限目は「感じのよい話し方」がテーマでしたが、続いてのこの時間は「上手な聞き方」についてお話ししたいと思います。

ソヨン(ひとりごと) : 二限目は、聞き方なんだ。ちゃんとメモしておこうっと。

講師 : 「上手な聞き方」の一つ目のポイントは、「相手の話をさえぎらずに最後まで聞く」ということです。これ、簡単そうに思えて、実は意外と難しいんですよ。皆さんはどうですか。普段の会話を思い出してみましょう。

ソヨン(ひとりごと) : ああ、私いつも話の途中で質問とかしちゃうかも…。これから気をつけなきゃ。

講師 : 質問などは相手の話が終わってからするようにしましょう。次に二つ目のポイントですが、二つ目のポイントは「うなずいたり、相づちを打ちながら聞く」ということです。相づちには話をうながす効果があると言われています。その際、表情も大切ですよ。それでは、実際にどなたかにやってもらいましょうか。えーっと、そちらのすごく真剣なまなざしで聞いてくださってる方！

ソヨン : えっ？私？

講師 : はい、お願いできますか。

ソヨン(ひとりごと) : えー、相づちって苦手なんだけど…。どうしよう。

본문 해석

[강의실]

강사 : 여러분, 어떤 경우에도 인간관계를 양호하게 유지하기 위해서는 말하는 방법, 듣는 방법이 중요합니다. 첫 시간에는 '좋은 인상을 주는 말하기 방법'이 주제였는데 이어서 이 시간에는 '능숙하게 듣는 방법'에 대해서 말씀을 드리려고 합니다.

소연(혼잣말) : 두 번째 시간은 듣는 방법이구나. 확실하게 메모를 해둬야겠다.

강사 : '능숙하게 듣는 방법'의 첫 번째 포인트는 '상대방의 말을 끊지 않고 끝까지 듣는다'는 것입니다. 이것은 쉬울 것 같지만 실은 의외로 어렵습니다. 여러분은 어떤가요? 일상 대화를 떠올려 보세요.

소연(혼잣말) : 아, 나는 항상 이야기 도중에 질문을 하는 것 같다…. 앞으로는 신경을 써야겠다.

강사 : 질문 등은 상대방의 이야기가 끝나고 난 후에 하도록 합시다. 다음에는 두 번째 포인트인데요, 두 번째 포인트는 '고개를 끄덕이거나 맞장구를 치면서 듣는다'는 것입니다. 맞장구를 치는 것에는 이야기를 촉진시키는 효과가 있다고 합니다. 그 때 표정도 중요합니다. 그러면 여러분 중에서 실제로 해볼까요? 음, 거기 굉장히 진지한 표정으로 듣고 계신 분!

소연 : 어? 저요?

강사 : 네, 부탁해도 될까요?

소연(혼잣말) : 어, 맞장구치는 거 잘 못하는데…. 어쩌지.

OX 퀴즈

대화문을 다시 듣고 다음의 내용이 맞으면 O, 틀리면 X를 표시해 보세요.

① 一限目のテーマは、「上手な聞き方」でした。
첫 시간의 주제는 '능숙하게 듣는 방법'이었습니다.

② 相手の話をさえぎらずに最後まで聞くことは、意外と簡単です。
상대방의 말을 끊지 않고 끝까지 듣기는 의외로 쉽습니다.

③ 相づちを打つときは、表情も大切です。
맞장구를 칠 때는 표정도 중요합니다.

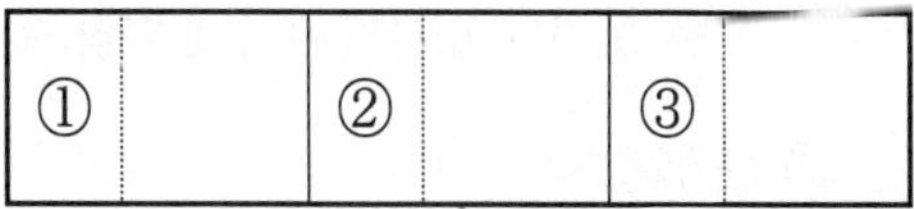

정답

듣기 연습 정답

① 相手の話が終わってからです。
상대방의 이야기가 끝나고 나서 합니다.

② 話をうながす効果があります。
대화를 촉진시키는 효과가 있습니다.

문형 연습 정답

① において
이번 회의는 오사카에서 개최하게 되었습니다.

② ながら
음악을 들으면서 산책을 하는 것이 저의 스트레스 해소법입니다.

OX 퀴즈 정답

① X

一限目のテーマは、「感じの良い話し方」でした。
첫 시간의 주제는 '좋은 인상을 주는 말하기 방법'이었습니다.

② X

相手の話をさえぎらずに最後まで聞くことは、簡単そうに思えて意外と難しいです。
상대방의 말을 끊지 않고 끝까지 듣기는 쉬울 것 같지만 의외로 어렵습니다.

③ O

Lesson
10

재물운이 좋아지면 좋겠다

학습 내용

ソヨンさんは、ボランティアで日本語(にほんご)を教(おし)えてくれている佐藤(さとう)さんと一緒(いっしょ)に銭洗(ぜにあらい)弁天(べんてん)にやってきました。銭洗弁天(ぜにあらいべんてん)とはどんなところなのでしょうか。

소연 씨는 자원봉사로 일본어를 가르쳐 주고 있는 사토 씨와 같이 제니아라이벤텐에 왔습니다. 제니아라이벤텐은 어떤 곳일까요?

듣기 연습

학습을 시작하기에 앞서 음성 파일을 듣고 다음 질문에 답해보세요.

① 銭洗弁天(ぜにあらいべんてん)は誰(だれ)が作(つく)りましたか。
제니아라이벤텐은 누가 만들었습니까?

② 銭洗弁天(ぜにあらいべんてん)では何(なに)を洗(あら)いますか。
제니아라이벤텐에서는 무엇을 씻습니까?

어휘

鎌倉幕府(かまくらばくふ)	(명) 가마쿠라 막부
お告(つ)げ	(명) 계시, 신탁
わき出(だ)す	(동) 솟아나다
小銭(こぜに)	(명) 잔돈, 동전
金運(きんうん)	(명) 금전운, 재물운
恵(めぐ)まれる	(동) 운수 좋게 좋은 환경・재능 등이 주어지다
お札(さつ)	(명) 지폐
端(はし)	(명) 끝, 가장자리

주요 문형

1 ～べきだ ～해야 하다

もともとは銭洗弁天（ぜにあらいべんてん）であるため、小銭（こぜに）を洗（あら）うべきである。

원래는 제니아라이벤텐이라고 하니까 동전을 씻어야 한다.

동(기본형)+べきだ

- 사회적인 규범에 대해 언급할 때 사용한다.
- '～するのが当然（とうぜん）だ(～하는 것이 당연하다)' '～しなければならない(～하지 않으면 안 된다)'라는 의미이다.
- 상대의 행동에 대해서 말할 때는 충고・권유・금지・명령의 의미가 된다.
- 'する'의 경우는 'するべき'와 'すべき'의 두 가지가 있다.
- 명사를 수식할 때는 '～べき+명'의 형태로 사용한다.

예 今日中（きょうじゅう）にやるべきことをリストアップする。

오늘 중으로 해야 할 일을 리스트업 하다.

- 부정형은 '～べきではない(～해서는 안 된다/～하는 것은 바람직하지 않다)'가 된다.

예 人（ひと）を見（み）た目（め）で判断（はんだん）するべきではない。

사람을 겉모습으로 판단해서는 안 된다.

예문

① 一年（いちねん）に一回（いっかい）は健康診断（けんこうしんだん）を受（う）けるべきだ。
일년에 한번은 건강검진을 받아야 한다.

② もし罪（つみ）を犯（おか）したのであれば、法（ほう）のもとで裁（さば）かれるべきである。
만약 죄를 범했다면 법의 심판을 받아야 한다.

③ 国家（こっか）は、すべての子（こ）どもたちが平等（びょうどう）に学（まな）ぶことのできる権利（けんり）を保障（ほしょう）するべきだ。
국가는 모든 어린이들이 평등하게 배울 수 있는 권리를 보장해야 한다.

2 ～にかぎらず　～뿐만 아니라

小銭に限らず、お札やクレジットカードを洗う人も多い。
동전뿐만 아니라 지폐나 신용카드를 씻는 사람도 많다.

명+にかぎらず

- '～だけでなく(～뿐만 아니라)'라는 의미이다.
- 'Aにかぎらず B'는 'AもBもすべて(A도 B도 모두)'라고 말하고 싶을 때 사용한다.
- 'Aにかぎらず Bも(A뿐만 아니라 B도)'의 형태로 사용하는 경우가 많다.

예문

① 母親に限らず、父親も育児をする時代になった。
어머니만이 아니라 아버지도 육아를 하는 시대가 되었다.

② このアプリは、若者だけに限らず、幅広い年齢層に利用されている。
이 앱은 젊은층뿐만 아니라 폭넓은 연령층이 이용하고 있다.

③ ネットショップを開設したところ、国内に限らず海外からも注文が来るようになった。
온라인 숍을 개설했더니 국내뿐만 아니라 해외에서도 주문이 들어오게 되었다.

문형 연습

① この図書館は、学生(　　　　　　)一般の人も利用することができる。

② 過剰包装はやめる(　　　　　　)と思う。

본문

[JR鎌倉駅]

佐藤： ソヨンさん、こっち、こっち。

ソヨン： お待たせしました。今日はどこに行くんですか。

佐藤： 今日は銭洗弁天に行こうかと思っているんだ。

ソヨン： あのう、銭洗弁天って何ですか。

佐藤： 鎌倉幕府を開いた源頼朝が夢でお告げを聞いて作ったところなんだけど、この銭洗弁天の洞窟からわき出す「銭洗水」で小銭を洗うと、金運に恵まれるって言われてるんだって。

ソヨン： 金運に恵まれるということは、お金持ちになるということですか。

佐藤： うん。まあ、そんなところかな。お金に関する運が良くなるっていう意味だよ。

[銭洗弁天の入り口]

佐藤： やっと着いたね。

ソヨン： 駅から遠かったですね。

[ろうそく立ての前]

佐藤： まず、ろうそくと線香に火をつけてね。

ソヨン： はい。

佐藤： 火をつけたろうそくは、ここに立てるんだよ。

ソヨン： はい。

[香炉の前]

佐藤： 線香は、ここに立てるよ。

ソヨン： はい。

[洞窟の中]

ソヨン： へえ。ここでお金を洗うんですか。

佐藤： 私達も洗ってみましょ。

ソヨン： わあ、お札を洗っている人もいますね。

佐藤： うん。もともとは銭洗弁天っていうくらいだから、小銭を洗うべきなんだけど、小銭に限らず、お札やクレジットカードを洗う人も多いんだって。でもお札の場合は、全部ぬらしちゃうと乾かすのが大変だから、お札の端を少しぬらすだけでもいいみたいだよ。

ソヨン： じゃあ、私もお札を洗ってみます。金運が上がるといいな。

본문 해석

[JR가마쿠라역]

사토 : 소연 씨, 여기야, 여기.

소연 : 기다리게 해서 죄송합니다. 오늘은 어디에 가요?

사토 : 오늘은 제니아라이벤텐(銭洗弁天)에 가려고 해.

소연 : 저, 제니아라이벤텐이 뭐예요?

사토 : 가마쿠라 막부(鎌倉幕府)를 연 미나모토노 요리토모(源頼朝)가 꿈에서 계시를 듣고 세웠다는 곳인데, 이 제니아라이벤텐의 동굴에서 솟아나는 '제니아라이물'로 동전을 씻으면 재물운이 좋아진다고 하네.

소연 : 재물운이 좋아진다는 건 부자가 된다는 말인가요?

사토 : 응. 뭐 그런 얘기지. 돈에 관한 운이 좋아진다는 의미야.

[제니아라이벤텐 입구]

사토 : 드디어 도착했네.

소연 : 역에서 머네요.

[촛대 앞]

사토 : 먼저 초와 향에 불을 붙여줄래 ?

소연 : 네.

사토 : 초를 켜서 여기에 세우는 거야.

소연 : 네.

[향로 앞]

사토 : 향은 여기에 꽂고.

소연 : 네.

[동굴 안]

소연 : 와. 여기에서 돈을 씻는 거군요.

사토 : 우리도 씻어 볼까.

소연 : 와, 지폐를 씻고 있는 사람도 있어요.

사토 : 응. 원래는 제니아라이벤텐이라고 하니까 동전을 씻어야 하는데 동전뿐만 아니라 지폐나 신용카드를 씻는 사람도 많다고 하네. 그런데 지폐는 전부 적시면 말리기 힘드니까 지폐 끝을 살짝 적시는 걸로도 괜찮다네.

소연 : 그럼 저도 지폐를 씻어 볼게요. 재물운이 좋아지면 좋겠다.

OX 퀴즈

대화문을 다시 듣고 다음의 내용이 맞으면 O, 틀리면 X를 표시해 보세요.

① 源頼朝が鎌倉幕府を開きました。
미나모토노 요리토모가 가마쿠라 막부를 세웠습니다.

② お札を洗うときは、すべてぬらさなければなりません。
지폐를 씻을 때는 전부 적셔야 합니다.

③ ソヨンさんは、クレジットカードを洗うことにしました。
소연 씨는 신용카드를 씻기로 했습니다.

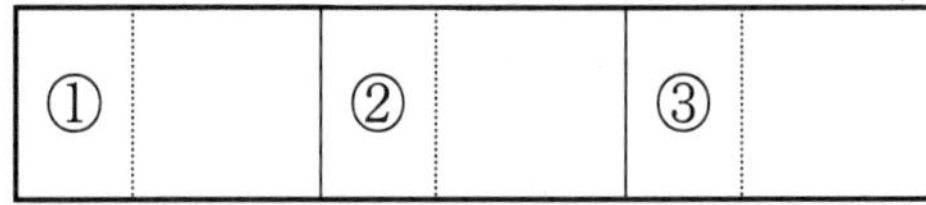

정답

듣기 연습 정답

① 源頼朝が作りました。
미나모토노 요리토모가 만들었습니다.

② 小銭、お札、クレジットカードなどを洗います。
동전, 지폐, 신용카드 등을 씻습니다.

문형 연습 정답

① に限らず
이 도서관은 학생뿐만 아니라 일반인도 이용할 수 있다.

② べきだ
과대 포장은 지양해야 한다고 생각한다.

OX 퀴즈 정답

① O

② X
全部ぬらすと乾かすのが大変なので、お札の端を少しぬらすだけでも大丈夫です。
전부 적시면 말리기 힘들기 때문에 지폐 끝을 조금 적시는 것만으로도 괜찮습니다.

③ X
ソヨンさんは、お札を洗うことにしました。
소연 씨는 지폐를 씻기로 했습니다.

Lesson 11

기다리는 줄이 엄청나네요

학습 내용

ソヨンさんと佐藤(さとう)さんは、鎌倉駅(かまくらえき)から移動(いどう)し、江ノ島(えのしま)にやって来(き)ました。二人(ふたり)は無事(ぶじ)にお目当(めあ)ての生(なま)しらす丼(どん)を食(た)べることができるのでしょうか。

소연 씨와 사토 씨는 가마쿠라역에서 이동하여 에노시마로 왔습니다. 두 사람은 먹고 싶었던 나마 시라스동을 무사히 먹을 수 있을까요?

듣기 연습

학습을 시작하기에 앞서 음성 파일을 듣고 다음 질문에 답해보세요.

① 釜揚(かまあ)げしらす丼(どん)の場合(ばあい)、どちらの卵(たまご)がおすすめですか。
가마아게 시라스동에는 어떤 계란을 추천합니까?

② 生(なま)しらすは、いつとれたものですか。
나마 시라스는 언제 잡은 것입니까?

어휘

しらす	(명) 멸치・정어리・장어・은어 등의 치어
せっかくだから	모처럼이니까
生卵(なまたまご)	(명) 생계란
温泉卵(おんせんたまご)	(명) 온천계란, 반숙계란의 일종
おすすめ	(명/スル) 추천
透(す)き通(とお)る	(동) 투명하다
生臭(なまぐさ)い	(い형) 비린내가 나다
足(あし)が早(はや)い	쉬이 상하다

주요 문형

1 ～たて 갓 ～한

とれたての生しらすなんですね。
갓 잡은 나마 시라스인 거네요.

동(ます형)+たて

- '～ばかり(～한지 얼마 지나지 않은)'와 같은 의미이다.
- 명사를 수식할 경우는 '～たての'가 된다.
- 동작이 끝난 것을 나타내며 막 완성되었거나 경험이 적다는 것을 의미한다.
- 이 문형과 같이 사용할 수 있는 동사는 제한적이다.
- 가공이나 생산을 의미하는 동사와 같이 사용한다.

예

採れたての野菜	갓 수확한 채소
揚げたてのコロッケ	갓 튀겨낸 크로켓
ひきたてのコーヒー豆	방금 간 커피 원두
焼きたてのパン	갓 구운 빵
できたてのポテトチップス	막 튀긴 포테이토칩
炊きたてのご飯	갓 지은 밥

- 상황의 변화 등을 나타내는 동사와 같이 사용한다.

예

入社したての新入社員	갓 입사한 신입사원
結婚したての頃	갓 결혼했을 때
社会人になりたての頃	막 사회인이 되었을 때
オープンしたての店	오픈한지 얼마 지나지 않은 가게
デビューしたての歌手	막 데뷔한 가수

예문

① 上京したての頃を思い出す。
막 상경했을 때를 떠올리다.

② 牧場では、しぼりたての牛乳を飲むことができる。
목장에서는 갓 짜낸 우유를 마실 수 있다.

③ このベンチは、ペンキ塗りたてなので座らないでください。
이 벤치는 금방 페인트칠을 했기 때문에 앉지 마십시오.

2 ～かいがある/～かいがない ～보람이 있다/～보람이 없다

一時間並んだかいがあった。
한 시간 줄을 선 보람이 있었다.

동(た형)/명の＋かいがある
동(た형)/명の＋かいがない

- ‘～かいがある(～보람이 있다)’는 ‘～した効果がある(～한 효과가 있다)’라는 의미이고 ‘～かいがない(～보람이 없다)’는 ‘～した効果がない(～한 효과가 없다)’라는 의미이다.
- 명사의 경우는 ‘する동사’의 명사 부분이 들어간다.
- ‘する동사’란 ‘勉強する(공부하다)’ ‘料理する(요리하다)’처럼 명사에 ‘する’를 붙여서 동사로 만든 것을 말한다.
- ‘～する価値がある(～할 가치가 있다)’라는 의미의 ‘동(ます형)＋がい’라는 문형도 있다.

예 仕事にやりがいを感じている。
일에 보람을 느끼고 있다.

예 この大学の学生は勉強熱心なので、教えがいがある。
이 대학교 학생은 공부를 열심히 하기 때문에 가르치는 보람이 있다.

예문

① 一生懸命練習したかいあって、全国大会で優勝することができた。
열심히 연습한 보람이 있어서 전국대회에서 우승할 수 있었다.

② 大変だったが、頂上まで登ったかいがあった。
힘들었지만 정상까지 올라간 보람이 있었다.

③ 練習のかいもなく、初戦で負けてしまった。
연습한 보람도 없이 첫 경기에서 지고 말았다.

문형 연습

① 今まで苦労してきた(　　　　　　)。

② 洗い(　　　　　　)のシャツを着て出かける。

본문

[店の入り口]

佐藤 : 江ノ島って、しらすが有名なんだ。だから今日はこのお店でしらす丼を食べない？

ソヨン : うわあ、ものすごい行列ですね。

佐藤 : うん。私達も並びましょ。

[店の中]

佐藤 : 結局一時間も待っちゃったね。ソヨンさん、お腹空いたでしょ？

ソヨン : はい。ちょっとお腹が空きました。

佐藤 : 釜揚げしらす丼と生しらす丼があるんだけど、ソヨンさんはどっちにする？

ソヨン : 釜揚げってどういう意味ですか。

佐藤 : あっ、釜揚げしらすというのはしらすをゆでたもののことだよ。

ソヨン : そうなんですか。

佐藤 : 私はせっかくだから、生しらす丼にしようかな。

ソヨン : じゃあ、私も生しらす丼にします。

店員 : ご注文はお決まりですか。

佐藤 : はい。生しらす丼を二つお願いします。

店員 : 生卵か温泉卵をお選びください。

ソヨン : えっ、どうしよう。

佐藤 : あのう、どちらがおすすめですか。

店員 : そうですね。釜揚げしらす丼でしたら温泉卵がおすすめなんですが、生しらす丼でしたら生卵がおすすめです。

佐藤＆ソヨン : じゃあ、生卵でお願いします。

（しらす丼が運ばれてくる。）

佐藤 : 生しらすって、透き通っていて宝石みたいだよね。

ソヨン：きらきら光(ひか)ってますね。

佐藤(さとう)：じゃあ、いただきましょ。

ソヨン：はい。いただきます。

佐藤(さとう)：どう？お味(あじ)の方(ほう)は…。

ソヨン：おいしいです。

佐藤(さとう)：生(なま)なのに、あんまり生臭(なまぐさ)くないでしょう？生(なま)しらすは、足(あし)がはやいんだけど、このお店(みせ)ではその日(ひ)の朝(あさ)とれたばかりの新鮮(しんせん)なしらすしか使(つか)ってないんだって。

ソヨン：へえ。じゃあ、とれたての生(なま)しらすなんですね。

佐藤(さとう)：うん。一時間(いちじかん)並(なら)んだかいがあったでしょ？

ソヨン：はい。

본문 해석

[가게 입구]

사토 : 에노시마(江ノ島)는 시라스가 유명하거든. 그러니까 오늘은 이 가게에서 시라스동(잔멸치 덮밥)을 먹을까?

소연 : 와, 줄이 엄청나네요.

사토 : 그러네. 우리도 줄 서자.

[가게 안]

사토 : 결국 한 시간이나 기다렸네. 소연 씨, 배고프지?

소연 : 네. 조금 고파졌어요.

사토 : 가마아게 시라스동(솥에서 살짝 찐 잔멸치 덮밥)과 나마 시라스동(생멸치 덮밥)이 있는데 소연 씨는 어떤 걸로 할래?

소연 : 가마아게라는 건 어떤 의미예요?

사토 : 아, 가마아게 시라스는 시라스를 익힌 것을 말해.

소연 : 그렇군요.

사토 : 나는 모처럼 왔으니까 나마 시라스동으로 할까.

소연 : 그럼 저도 나마 시라스동으로 할게요.

점원 : 주문은 정하셨습니까?

사토 : 네. 나마 시라스동 두 개 주세요.

점원 : 생계란과 온천계란 중에서 골라 주세요.

소연 : 아, 뭘로 하지.

사토 : 저, 어떤 게 맛있어요?

점원 : 글쎄요. 가마아게 시라스동이면 온천계란을 추천드리고 나마 시라스동이면 생계란을 추천드립니다.

사토&소연 : 그럼 생계란으로 주세요.

(시라스동이 나온다.)

사토 : 나마 시라스는 투명해서 보석 같네.

소연 : 반짝반짝 빛이 나네요.

사토 : 자, 먹자.

소연 : 네. 잘 먹겠습니다.

사토 : 맛이 어때?

소연 : 맛있어요.

사토 : 날 건데도 별로 비리지 않지? 나마 시라스는 쉽게 상하지만 이 가게는 그날 아침에 잡은 신선한 시라스만 사용한다네.

소연 : 와. 그럼 갓 잡은 나마 시라스인 거네요.

사토 : 그렇지. 한 시간 줄 선 보람이 있지?

소연 : 네.

OX 퀴즈

대화문을 다시 듣고 다음의 내용이 맞으면 O, 틀리면 X를 표시해 보세요.

① 釜揚(かまあ)げしらすというのは、しらすをゆでたもののことをいいます。
가마아게 시라스라는 것은 시라스를 익힌 것을 말합니다.

② 二人(ふたり)は温泉卵(おんせんたまご)を選(えら)びました。
두 사람은 온천계란을 선택했습니다.

③ 生(なま)しらすは、腐(くさ)りやすいです。
나마 시라스는 상하기 쉽습니다.

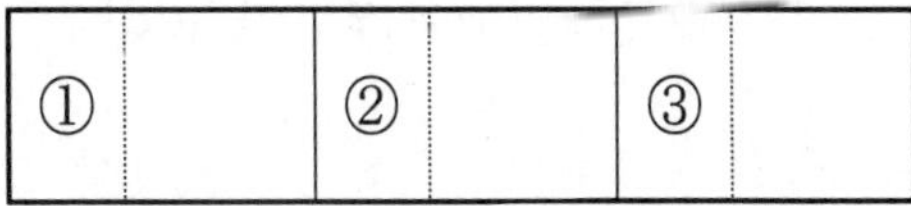

정답

듣기 연습 정답

① 温泉卵です。

온천계란입니다.

② その日の朝です。

그날 아침입니다.

문형 연습 정답

① かいがあった

지금까지 고생한 보람이 있었다.

② たて

막 세탁한 셔츠를 입고 외출하다.

OX 퀴즈 정답

① O

② X

二人は、温泉卵ではなく、生卵を選びました。

두 사람은 온천계란이 아니라 생계란을 선택했습니다.

③ O

生しらすは、足がはやいです。

나마 시라스는 쉽게 상합니다.

Lesson
12

목이 좀 아파서 왔어요

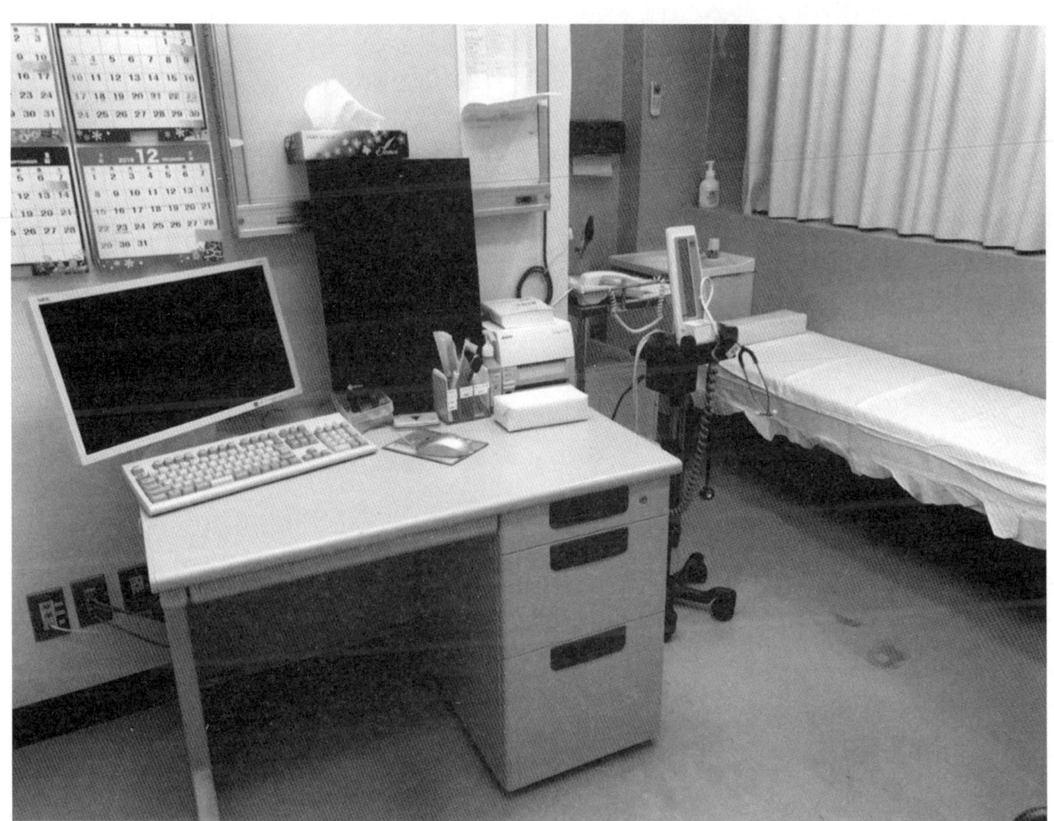

사진 제공 : Okuma Akiko

학습 내용

風邪気味(かぜぎみ)のソヨンさんは、病院(びょういん)にやってきました。ソヨンさんは病院(びょういん)で診療(しんりょう)をしてもらい、薬局(やっきょく)で薬(くすり)をもらうことができるでしょうか。

소연 씨는 감기 기운이 있어서 병원에 왔습니다. 소연 씨는 병원에서 진료를 받고 약국에서 약을 받을 수 있을까요?

듣기 연습

학습을 시작하기에 앞서 음성 파일을 듣고 다음 질문에 답해보세요.

① 病院(びょういん)の受付(うけつけ)でソヨンさんがしなければならないことは何(なん)ですか。
병원 접수에서 소연 씨가 해야 하는 일은 무엇입니까?

② 出(だ)された薬(くすり)の飲(の)み方(かた)を教(おし)えてください。
받은 약의 복용 방법에 대해 설명해 보십시오.

어휘

問診票(もんしんひょう)	(명) 문진표
計(はか)る	(동) 재다, 달다
つば	(명) 침, 타액
はれる	(동) 붓다
~過(す)ぎる	(동) 지나치게 ~하다
結構(けっこう)	(부) 꽤, 상당히
錠剤(じょうざい)	(명) 정제, 알약
服用(ふくよう)	(명/スル) 복용

주요 문형

1 ～ぎみ　～기운/기미/경향

先週のはじめから、風邪気味で…。
지난주 초부터 감기 기운이 있어서….

동(ます형)/명+ぎみ
- '약간 ~한 경향이 있다'라는 의미이다.
- 긍정적인 의미보다 부정적인 의미로 사용하는 경우가 많다.

예문

① このところ、仕事が多く疲れ気味だった。
요즘 일이 많아서 조금 피곤했다.

② いつも便秘気味なので、ヨーグルトを食べるようにしている。
변비에 잘 걸리는 편이기 때문에 요구르트를 먹고 있다.

③ 今年は雨が少なかったので、あじさいの開花も例年に比べ遅れ気味だ。
올해는 비가 적어서 수국의 개화도 예년에 비해 늦어지고 있다.

2 ～おそれがある　～우려가 있다

声を出し過ぎると症状が悪化する恐れがある。

목소리를 지나치게 내면 증상이 악화될 우려가 있다.

동(보통형)/명の＋おそれがある

- 좋지 않은 일이 일어날 가능성이 있다는 의미이다.
- 뉴스 등에서 자주 사용한다.

예문

① この鳥は絶滅の恐れがあるといわれている。
이 새는 멸종 우려가 있다고 알려져 있다.

② 台風の進路次第では、記録的な大雨となる恐れがある。
태풍의 진로에 따라서는 기록적인 폭우가 내릴 우려가 있다.

③ 男性が山で遭難した恐れがあるとして、救助隊が派遣された。
남성이 산에서 조난 당했을 우려가 있어서 구조대가 파견되었다.

문형 연습

① 津波の(　　　　　)と分かったら、すぐに避難することが重要だ。

② 彼は自分の趣味について興奮(　　　　　)に語り出した。

본문

[病院(びょういん)の受付(うけつけ)]

受付(うけつけ)の人(ひと) : 今日(きょう)はどうされましたか。

ソヨン : あのう、ちょっとのどが痛(いた)くって…。

受付(うけつけ)の人(ひと) : では、こちらの問診票(もんしんひょう)にご記入(きにゅう)ください。ご記入(きにゅう)が終(お)わりましたら、保険証(ほけんしょう)と一緒(いっしょ)に提出(ていしゅつ)してください。

ソヨン : はい。

受付(うけつけ)の人(ひと) : それとこちらの体温計(たいおんけい)で熱(ねつ)を計(はか)ってください。

ソヨン : はい。

[診察室(しんさつしつ)]

医者(いしゃ) : 今日(きょう)はどうされましたか。

ソヨン : 先週(せんしゅう)のはじめから、風邪気味(かぜぎみ)で…。熱(ねつ)はおさまったようなんですが、今度(こんど)はのどが痛(いた)くて…。つばを飲(の)み込(こ)むときに特(とく)に強(つよ)い痛(いた)みを感(かん)じるんです。

医者(いしゃ) : そうですか。のどはいつごろから痛(いた)いんですか。

ソヨン : 一昨日(おととい)ぐらいからです。

医者(いしゃ) : では、ちょっと見(み)てみましょうか。口(くち)を開(あ)けてください。

ソヨン : (口(くち)を開(あ)ける。)あー。

医者(いしゃ) : うーん。ちょっと扁桃腺(へんとうせん)がはれていますね。じゃあ、三日分(みっかぶん)、お薬(くすり)を出(だ)しておきますので、様子(ようす)を見(み)てみましょう。なるべくお湯(ゆ)をたくさん飲(の)むようにしてください。それと、声(こえ)を出(だ)し過(す)ぎると症状(しょうじょう)が悪化(あっか)する恐(おそ)れがありますので、あまりのどを使(つか)わない方(ほう)がいいですよ。

ソヨン : はい。分(わ)かりました。

[薬局(やっきょく)]

ソヨン : お願(ねが)いします。

薬剤師 : お名前をお呼びするまで、そちらにおかけになってお待ちください。

ソヨン(ひとりごと) : 結構待たされるのかな？

薬剤師 : キム・ソヨンさん。白い錠剤はどちらも一日三回毎食後に一錠ずつ、だいだい色の錠剤は一日一回夕食後に一錠ずつ服用し、トローチはのどが痛いときになめてください。

ソヨン : はい。分かりました。

본문 해석

[병원 접수]

접수 직원 : 오늘은 어디가 아파서 오셨어요?

소연 : 저, 목이 좀 아파서요….

접수 직원 : 그럼, 여기 문진표에 기입해 주세요. 다 기입하신 후에 보험증과 같이 제출해 주세요.

소연 : 네.

접수 직원 : 그리고 여기 체온계로 열을 재 주세요.

소연 : 네.

[진료실]

의사 : 오늘은 어디가 아프세요?

소연 : 지난주 초부터 감기 기운이 있어요. 열은 떨어졌는데 이번에는 목이 아파서요…. 침을 삼킬 때 특히 많이 아파요.

의사 : 그렇습니까. 목은 언제부터 아팠어요?

소연 : 그저께쯤부터요.

의사 : 그럼, 좀 볼까요. 입을 벌려 보세요.

소연 : (입을 벌린다.) 아.

의사 : 음. 편도선이 좀 부었네요. 3일분 약을 드릴 테니 상태를 보도록 하죠. 가능한 따뜻한 물을 많이 마시도록 하세요. 그리고 목소리를 지나치게 내면 증상이 악화될 우려가 있으니 목을 많이 쓰지 않는 편이 좋습니다.

소연 : 네. 알겠습니다.

[약국]

소연 : 처방전 여기 있어요.

약사 : 성함을 부를 때까지 저쪽에 앉아서 기다려 주세요.

소연(혼잣말) : 많이 기다려야 하려나?

약사 : 김소연 씨. 흰색 알약은 전부 하루에 3번 식후에 한 알씩, 주황색 알약은 하루에 한 번 저녁 식사 후에 한 알씩 복용하시고 트로키는 목이 아플 때 입안에서 녹여서 드세요.

소연 : 네. 알겠습니다.

심화 어휘

熱がある	열이 있다
のどが痛い	목이 아프다
声がかすれる	목이 쉬다
鼻水がでる	콧물이 나다
鼻がつまる(鼻づまり)	코가 막히다(코막힘)
咳が出る	기침이 나다
痰が出る	가래가 나오다
痰がからむ	가래가 끼다
寒気がする	한기가 들다
頭が痛い(頭痛)	머리가 아프다(두통)
関節が痛い(関節痛)	관절이 아프다(관절통)
お腹が痛い(腹痛)	배가 아프다(복통)
お腹を下す(下痢)	설사하다(설사)
吐く(嘔吐)	토하다(구토)
吐き気がする	구역질이 나다
食欲がない	식욕이 없다
便秘	변비

OX 퀴즈

대화문을 다시 듣고 다음의 내용이 맞으면 O, 틀리면 X를 표시해 보세요.

① 先週(せんしゅう)のはじめから、のどが痛(いた)いです。
지난주 초부터 목이 아팠습니다.

② 声(こえ)を出(だ)すときに、特(とく)に強(つよ)い痛(いた)みを感(かん)じます。
목소리를 낼 때 특히 많이 아팠습니다.

③ 病院(びょういん)では、薬(くすり)を三日(みっか)分(ぶん)出(だ)してくれました。
병원에서는 약을 3일분 처방해 주었습니다.

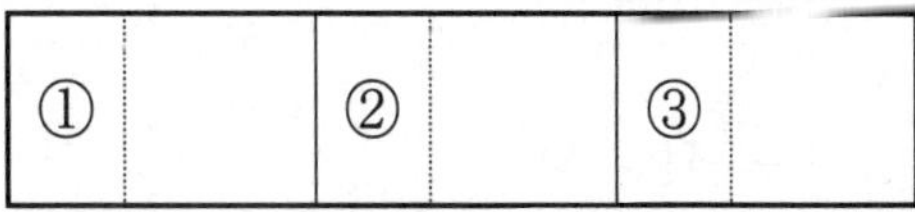

①		②		③	

정답

듣기 연습 정답

① 問診票に記入し、保険証と一緒に提出した後、体温計で熱を計ります。
문진표를 쓰고 보험증과 같이 제출한 후에 체온계로 열을 잽니다.

② 白い錠剤はどちらも一日三回毎食後に一錠ずつ、だいだい色の錠剤は一日一回夕食後に一錠ずつ服用し、トローチはのどが痛いときになめます。
흰색 알약은 전부 하루에 3번 식후에 한 알씩, 주황색 알약은 하루에 한 번 저녁 식사 후에 한 알씩 복용하고 트로키는 목이 아플 때 입안에서 녹여서 먹습니다.

문형 연습 정답

① 恐れがある
쓰나미의 우려가 있다고 판단되면 곧바로 대피하는 것이 중요하다.

② 気味
그는 자신의 취미에 대해 흥분된 기색으로 말하기 시작했다.

OX 퀴즈 정답

① X

先週のはじめではなく、一昨日ぐらいから、のどが痛くなりました。
지난주 초부터가 아니라 그저께쯤부터 목이 아팠습니다.

② X

声を出すときではなく、つばを飲み込むときに、特に強い痛みを感じます。
목소리를 낼 때가 아니라 침을 삼킬 때 특히 많이 아팠습니다.

③ O

Lesson
13

다비를 신고 참가해도 될까요?

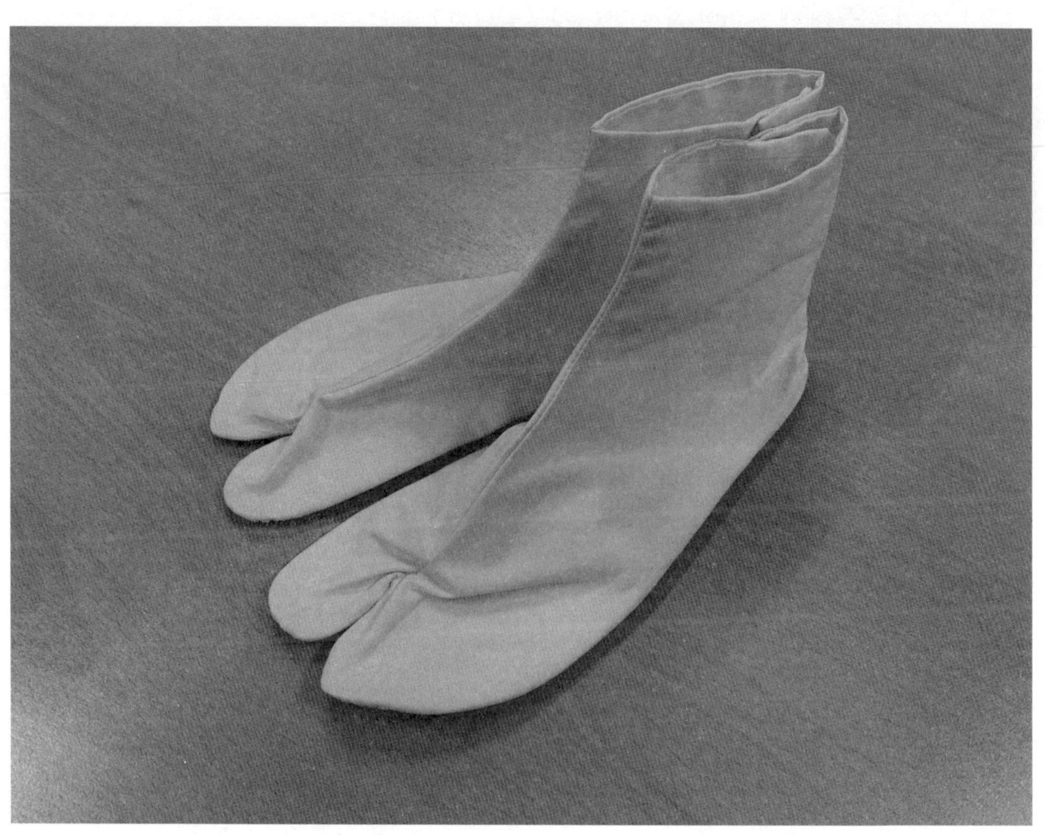

학습 내용

ソヨンさんは近くの公民館で開かれる茶道教室に参加してみることにしました。茶道教室ではどんな決まりがあるのでしょうか。

소연 씨는 가까운 자치회관에서 열리는 다도교실에 참가해 보기로 했습니다. 다도교실에는 어떤 규정이 있을까요?

듣기 연습

학습을 시작하기에 앞서 음성 파일을 듣고 다음 질문에 답해보세요.

① 授業を受ける時に、はかなければならないものは何ですか。
수업을 들을 때 신어야 하는 것은 무엇입니까?

② 職員の人はどうして足袋を買いましたか。
직원은 왜 다비를 샀습니까?

어휘

決まり　(명) 규칙, 규정

避ける　(동) 피하다

足袋　(명) 다비, 일본식 버선

しゃきっと　적당한 긴장으로 생기가 느껴지는 모양

引きしまる　(동) 긴장하다, 다잡아지다

金具　(명) 쇠장식

わっか　(명) 원형, 고리

湧く　(동) 솟다, 솟아나다

주요 문형

1 ～ずじまい　～하지 않고 말았음

結局(けっきょく)はかずじまいで、友達(ともだち)にあげてしまった。
결국 신지도 못하고 친구에게 줘버렸다.

동(ない형)+ずじまい

- '하고 싶거나, 하려고 생각했던 것을 결국 하지 못하고 끝나버렸다'라는 의미이다.
- 유감・후회・실망 등의 뉘앙스가 포함된다.
- 이미 일어난 일에만 사용할 수 있다.
- 'する'의 경우는 'せずじまい'가 된다.

예문

① 図書館(としょかん)で本(ほん)を山(やま)ほど借(か)りてきたが、結局読(けっきょくよ)めずじまいのまま返却(へんきゃく)した。
도서관에서 책을 산더미처럼 빌려 왔는데, 결국 읽지도 못한 채로 반납했다.

② 家(いえ)からおやつをあれこれ持(も)って行(い)ったが、時間(じかん)がなくて食(た)べられずじまいだった。
집에서 간식을 이것저것 가지고 갔는데 시간이 없어서 먹지도 못했다.

③ ドイツ赴任中(ふにんちゅう)にドイツ語(ご)を習(なら)おうと思(おも)っていたのに、習(なら)わずじまいのまま終(お)わってしまった。
독일 부임 중에 독일어를 배우려고 했는데 배우지 못한 채로 끝나버렸다.

2 ～ものではない ～하는 것이 아니다

慣(な)れないことはするものではない。
익숙하지 않은 일은 하는 것이 아니다.

동(기본형)+ものではない
- '～すべきではない(～해서는 안 된다)'라는 의미이다.
- 충고를 하는 경우에 사용한다.
- 회화에서는 '～もんじゃない'의 형태로 사용하는 경우가 많다.

예문

① 守(まも)れない約束(やくそく)などするものではない。
지키지 못할 약속 같은 것은 하는 게 아니다.

② 個人情報(こじんじょうほう)はむやみに公開(こうかい)するものではない。
개인정보는 함부로 공개하는 것이 아니다.

③ 相手(あいて)が気(き)にしていることを面(めん)と向(む)かって言(い)うものではない。
상대가 걱정하고 있는 것을 면전에서 말하는 게 아니다.

문형 연습

① ダイエットに成功(せいこう)するという目標(もくひょう)は、今年(ことし)も果(は)たせ(　　　　　　)で終(お)わってしまった。

② 他人(たにん)を傷(きず)つけるような言動(げんどう)はする(　　　　　　)。

본문

[公民館の受付]

職員： こちら受講証です。来週の水曜日の夜七時が初回の授業となりますので、この受講証を持って来てください。あと、こちらが「受講の決まり」になっていますので、よく読んでおいてくださいね。

ソヨン： はい。

（「受講の決まり」に目を通す。）

ソヨン： あの、服装についての決まりはないんですか。

職員： あ、服装についてですか。基本的には服装は自由なんですが、ジーンズとかあまりにもカジュアルな服装は、避けた方がいいでしょうね。あと、さっきの「受講のきまり」にも書いてありますが、授業を受ける時は、必ず白い靴下をはくようにしてください。まあ、はいてこなくても、持ってきて、授業の前にはき替えてもらえれば問題はありません。

ソヨン： あのう、どうして白い靴下なんですか。

職員： 本来ならお茶会というものは、着物を着て、足袋をはかなければならないんですが、茶道教室ではそうもいかないので、足袋の代わりに白い靴下で代用するんですよ。

ソヨン： ああ、そうなんですか。着物は無理そうですが、私、足袋だったら準備できそうなんですが…。白い靴下じゃなくて、足袋で参加してもいいですか。

職員： ええ、もちろんですよ。足袋をお持ちなんですか。

ソヨン： いえ、まだ持ってないんですけど、前々から伝統文化にすごく興味があったので、一度着物と足袋を試してみたいって思ってたんです。足袋の形って、なんだか不思議で…。

職員： そうですか。最近はなかなか足袋をはく機会がありませんからね。私もたまに足袋をはくと、しゃきっと引きしまった気持ちになります。あと、足袋は金属でできた金具を糸のわっかにひっかけて留めるんですが、それもちょっと独特ですよね。

ソヨン： わあ、はいてみたくなってきました。

職員： ああ、実は私、昔テレビで足袋が健康にいいっていうのを見て、家では靴下の代わりに足袋で過ごそうと思って何足か買ったことがあるんですよ。でも、結局はかずじまいで、友達にあげちゃったんです。慣れないことはするものではないですね。

ソヨン： そうだったんですか。健康にもいいなんて、ますます足袋に興味が湧いてきました。

본문 해석

[자치회관 접수창구]

직원 : 이것이 수강증입니다. 다음 주 수요일 저녁 7시가 첫 수업이니까 수강증을 가지고 오세요. 그리고 이건 '수강 규정'인데 잘 읽어보세요.

소연 : 네.

('수강 규정'을 훑어본다.)

소연 : 저, 복장에 대한 규정은 없어요?

직원 : 아, 복장에 대한 거요. 기본적으로 복장은 자유입니다만, 청바지나 지나치게 캐주얼한 복장은 피하는 편이 좋겠죠. 그리고 아까 드린 '수강 규정'에도 쓰여 있는데 수업을 받을 때는 반드시 흰 양말을 신도록 하세요. 신고 오지 않아도 가져 와서 수업 전에 바꿔 신으면 문제는 없습니다.

소연 : 근데, 왜 흰 양말이에요?

직원 : 원래라면 다화회라는 건 기모노를 입고 다비(일본식 버선)를 신어야 하는데, 다도교실에서는 그렇게 할 수 없기 때문에 다비 대신에 흰 양말로 내용하는 거예요.

소연 : 아, 그렇군요. 기모노는 어렵겠지만 다비는 준비할 수 있을 것 같은데요…. 흰 양말 말고 다비를 신고 참가해도 될까요?

직원 : 네, 물론이죠. 다비를 갖고 계세요?

소연 : 아니요, 아직 갖고 있지는 않지만 예전부터 전통문화에 관심이 많았기 때문에 기모노와 다비를 한번 시도해보고 싶었거든요. 다비의 형태가 좀 신기해서….

직원 : 그렇죠. 요즘은 다비를 신을 기회가 좀처럼 없으니까요. 저도 가끔 다비를 신으면 마음이 다잡아지는 느낌이 들더라고요. 또 다비는 금속으로 된 걸개를 실로 만든 고리에 걸어서 고정하는데 그것도 좀 독특하죠.

소연 : 와, 신어보고 싶네요.

직원 : 아, 실은 저는 예전에 TV에서 다비가 건강에 좋다는 걸 보고 집에서는 양말 대신 다비를 신고 지내야겠다고 생각해서 몇 켤레 산 적이 있었어요. 그런데 결국 신지도 못하고 친구에게 줘버렸어요. 익숙하지 않은 일은 하는 게 아닌가 봐요.

소연 : 그러셨군요. 건강에도 좋다니 다비에 점점 더 관심이 생기네요.

OX 퀴즈

대화문을 다시 듣고 다음의 내용이 맞으면 O, 틀리면 X를 표시해 보세요.

① 初回(しょかい)の授業(じゅぎょう)は、来週(らいしゅう)の木曜日(もくようび)の夜七時(よるしちじ)からです。
첫 수업은 다음 주 목요일 저녁 7시부터입니다.

② 茶道教室(さどうきょうしつ)には、ジーンズをはいていかない方(ほう)がいいです。
다도교실에는 청바지를 입고 가지 않는 편이 좋습니다.

③ 足袋(たび)は、金属(きんぞく)の金具(かなぐ)を糸(いと)のわっかにひっかけて留(と)めます。
다비는 금속으로 된 걸개를 실로 만든 고리에 걸어서 고정합니다.

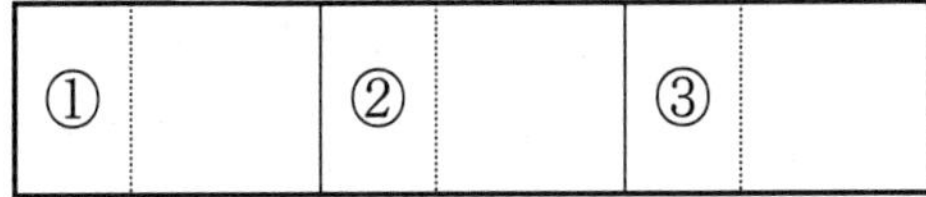

①		②		③	

정답

듣기 연습 정답

① 白い靴下か足袋です。
흰 양말이나 다비를 신어야 합니다.

② 健康のために家では足袋で過ごそうと思ったからです。
건강을 위해 집에서 다비를 신고 지내려고 생각했기 때문입니다.

문형 연습 정답

① ずじまい
다이어트에 성공하겠다는 목표는 올해도 달성하지 못하고 끝나버렸다.

② ものではない
타인에게 상처를 주는 언동은 하는 게 아니다.

OX 퀴즈 정답

① X
初回の授業は、来週の水曜日の夜七時からです。
첫 수업은 다음 주 수요일 저녁 7시부터입니다.

② O

③ O

Lesson
14

다비를 사고 싶은데요

학습 내용

ソヨンさんは、茶道教室で使う足袋を買うために、家の近くの和装店にやって来ました。店員の説明をよくきいて、足袋を無事に買うことができるでしょうか。

소연 씨는 다도교실에서 사용할 다비를 사기 위해 집 근처에 있는 전통의복 판매점에 왔습니다. 점원의 설명을 잘 듣고 무사히 다비를 살 수 있을까요?

듣기 연습

학습을 시작하기에 앞서 음성 파일을 듣고 다음 질문에 답해보세요.

① ナイロン製のものはどうして人気がありますか。
나일론으로 만든 것은 왜 인기가 있습니까?

② ソヨンさんはどうして一番高いものを買いませんでしたか。
소연 씨는 왜 가장 비싼 것을 사지 않았습니까?

어휘

柄(がら)　(명) 무늬, 모양

伸縮(しんしゅく)　(명/スル) 신축

風合(ふうあ)い　(명) 천을 만지거나 봤을 때의 느낌

向(む)き　(명) 적합함, 알맞음

値段(ねだん)が張(は)る　가격이 비싸다

フィット(fit)　(명/スル) 피트, 몸에 꼭 맞음

抗菌(こうきん)　(명) 항균

防臭(ぼうしゅう)　(명) 방취

주요 문형

1 ～きらいがある　～경향이 있다

綿は伸縮性に欠けるきらいがある。
면은 신축성이 적은 경향이 있다.

동(기본형)/명の＋きらいがある

- ‘そういう傾向がある(그러한 경향이 있다)’라는 의미이다.
- 별로 바람직하지 않은 경향에 대해 사용한다.
- 구어체보다 문어체로 사용하는 경우가 많다.

예문

① 最近の若者は指示待ちのきらいがある。
요즘 젊은이들은 지시를 기다리기만 하는 경향이 있다.

② 彼は細かい部分にこだわりすぎるきらいがある。
그는 세세한 부분에 지나치게 구애받는 경향이 있다.

③ 田中さんは自分の話ばかりして、人の話を聞かないきらいがある。
다나카 씨는 자기 말만 하고 남의 말을 듣지 않는 경향이 있다.

2 ～ならではの　～특유의

麻ならではの風合いが他の素材より夏向きだ。

마 특유의 촉감이 다른 소재에 비해 여름에 적합하다.

> **명+ならではの+명**
>
> - ‘A+ならではの+B’는 ‘Aだからこそ可能なB(A이기 때문에 가능한 B)’라는 의미로 A에 대한 높은 평가를 나타낸다.
> - ‘명+ならでは(のもの)だ’라는 형태로 사용하는 경우도 있다.
>
>   **예** その企画は、学生ならでは(のもの)だった。
>
>   그 기획은 학생이 아니고는 할 수 없는 것이었다.
> - 광고 등에서 자주 사용하는 표현이다.

예문

① その土地ならではの郷土料理を味わう。

그 지역 특유의 향토요리를 맛보다.

② どの品も老舗ならではのこだわりが感じられる。

모든 상품에서 노포가 아니고는 볼 수 없는 특별함이 느껴진다.

③ 韓流アイドルならではのレベルの高い歌とダンスをお楽しみください。

한류 아이돌만의 수준 높은 노래와 댄스를 즐기시기 바랍니다.

문형 연습

① ヨーロッパ(　　　　　　)美しい街並みに感動する。

② 年を取ると誰でも怒りっぽくなる(　　　　　　)。

본문

[和装店]

ソヨン：あのう、すみません。

店員：いらっしゃいませ。何をお探しですか。

ソヨン：茶道教室で使う足袋が必要なんですが。

店員：ああ。お茶の教室でしたら、白い足袋がいいですよね。

ソヨン：えっ？白くない足袋もあるんですか。

店員：ええ。最近はカラフルなものや、柄やデザインの入ったものもあるんですよ。

ソヨン：へえ、そうなんですか。でも、やっぱり白い足袋にします。

店員：はい、かしこまりました。白いものでも、いろいろと種類があるんですよ。素材によってもお値段が変わってくるんですが、例えば一番お安いのでしたら、こちら綿100%のものになりますね。これが五百円です。あと、一番よく出ているのがこちらになりますね。綿は伸縮性に欠けるきらいがありますが、こちらはストレッチ性の高いナイロン製なので、綿に比べてはきやすいと、人気があるんですよ。あと、夏用でしたら麻100%のものもあります。麻ならではの風合いが他の素材より夏向きなんです。

ソヨン(ひとりごと)：麻もあるんだ…。

店員：それと、こちらは、ちょっとお値段が張るんですが、綿とポリウレタンでできているので、足にやわらかくフィットするんですよ。ですから、足袋をはいて座ることの多い方がよく買われますね。あと、底の部分は抗菌防臭加工がされているんです。こちらは二千円です。

ソヨン：えっと、さっきの一番よく出ているというナイロンの足袋はおいくらですか。

店員：こちらですね。こちらの商品は千円になります。お茶の教室で使われるのなら、綿100%のものよりも、はきやすいこちらの商品がおすすめですよ。

ソヨン : そうですか。一番高いのも気になるんですが、お財布の事情も考えて、この千円のものにしておきます。

店員 : はい、ありがとうございます。

본문 해석

[일본 전통의복 판매점]

소연 : 저, 실례합니다.

점원 : 어서 오세요. 찾으시는 것이 있으세요?

소연 : 다도교실에서 쓸 다비(일본식 버선)가 필요한데요.

점원 : 아. 다도교실이라면 하얀 다비가 좋겠지요.

소연 : 어? 흰색이 아닌 다비도 있어요?

점원 : 네. 최근에는 컬러풀한 것과 무늬나 디자인이 들어간 것도 있습니다.

소연 : 와, 그렇군요. 그래도 하얀 다비로 할게요.

점원 : 네, 알겠습니다. 하얀 다비에도 여러 종류가 있습니다. 소재에 따라서 가격도 달라지는데요, 예를 들어 가장 저렴한 것은 면 100%로 된 다비입니다. 이건 5백 엔입니다. 그리고 가장 잘 팔리는 다비가 이건데요. 면은 신축성이 적은 경향이 있지만, 이 다비는 신축성이 좋은 나일론으로 만들어서 면에 비해 신기가 편해서 인기가 있어요. 또 여름용으로는 마 100%로 된 다비도 있습니다. 마 특유의 촉감이 다른 소재에 비해 여름에 적합합니다.

소연(혼잣말) : 마도 있구나….

점원 : 그리고 이건 가격이 조금 비싼데요, 면과 폴리우레탄으로 만들어서 발에 부드럽게 피트됩니다. 그래서 다비를 신고 앉을 일이 많은 분들이 많이 사십니다. 또 바닥 부분이 항균 방취 가공되어 있습니다. 이 다비는 2천 엔입니다.

소연 : 그럼, 아까 제일 잘 팔린다고 하신 나일론 다비는 얼마예요?

점원 : 이 상품 말씀하시는 거죠? 이 상품은 천 엔입니다. 다도 교실에서 사용하실 거라면 면 100%보다는 신기 편한 이 상품을 추천합니다.

소연 : 그렇군요. 제일 비싼 것도 마음에 들지만 주머니 사정도 생각해서 이 천 엔짜리로 할게요.

점원 : 네, 감사합니다.

OX 퀴즈

대화문을 다시 듣고 다음의 내용이 맞으면 O, 틀리면 X를 표시해 보세요.

① 白(しろ)い足袋(たび)だけでなく、様々(さまざま)な色(いろ)の足袋(たび)があります。
흰색 다비뿐만 아니라 여러 색상의 다비가 있습니다.

② 麻(あさ)100%(ひゃくパーセント)の足袋(たび)は、夏(なつ)にはくと良(よ)いです。
마 100%로 된 다비는 여름에 신으면 좋습니다.

③ 一番(いちばん)よく売(う)れているナイロンの足袋(たび)は五百円(ごひゃくえん)です。
가장 잘 팔리는 나일론 다비는 5백 엔입니다.

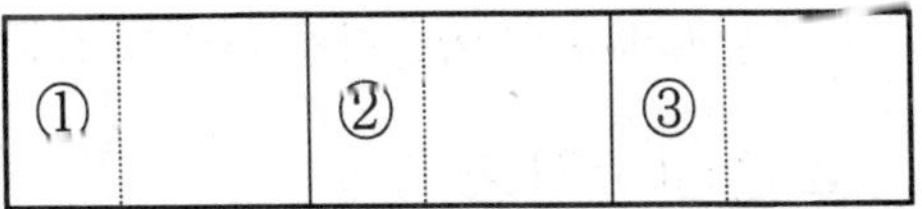

①		②		③	

정답

듣기 연습 정답

① ストレッチ性が高く、綿に比べるとはきやすいからです。
신축성이 좋고 면에 비해 신기가 편하기 때문입니다.

② 金銭的に余裕がないからです。
금전적으로 여유가 없기 때문입니다.

문형 연습 정답

① ならではの
유럽 특유의 아름다운 거리에 감동하다.

② きらいがある
나이를 먹으면 누구나 화를 잘 내게 되는 경향이 있다.

OX 퀴즈 정답

① O
② O
③ X
一番よく売れているナイロンの足袋は千円です。
가장 잘 팔리는 나일론 다비는 천 엔입니다.

Lesson
15

찻잔을 돌립니다

학습 내용

茶道教室(さどうきょうしつ)で先生(せんせい)がお茶(ちゃ)を飲(の)むときの作法(さほう)について説明(せつめい)しています。思(おも)ったより難(むずか)しそうですが、ソヨンさんはちゃんと作法(さほう)を身(み)につけることができるでしょうか。
다도교실에서 선생님이 차 마실 때의 예법에 대해 설명하고 있습니다. 생각보다 어려워 보이는데, 소연 씨는 예법을 제대로 익힐 수 있을까요?

듣기 연습

학습을 시작하기에 앞서 음성 파일을 듣고 다음 질문에 답해보세요.

① お茶(ちゃ)を飲(の)む際(さい)、正面(しょうめん)を避(さ)けるためにお茶碗(ちゃわん)をどうしますか。
차를 마실 때, 정면을 피하기 위해서 찻잔을 어떻게 합니까?

② お茶(ちゃ)を飲(の)んでから「スッ」という音(おと)を立(た)てるのはどうしてですか。
차를 마시고 나서 '슷' 하는 소리를 내는 이유는 무엇입니까?

어휘

いただく	(동) もらう(받다), 食(た)べる(먹다), 飲(の)む(마시다)의 겸양어 I
点前(てまえ)	(명) 테마에, 다도의 예법, 또는 그 솜씨
ちょうだいする	(동) もらう(받다), 食(た)べる(먹다), 飲(の)む(마시다)의 겸양어 I
押(お)しいただく	(동) 받들다, 삼가 받다, 정중히 받다
添(そ)える	(동) 곁들이다
時計回(とけいまわ)り	(명) 시계방향
清(きよ)める	(동) 깨끗이 하다
懐紙(かいし)	(명) 가이시, 다석에서 과자 등을 나눌 때 사용하는 한지

주요 문형

1 ~をこめて ~을 담아서

お茶碗を両手で持ちながら、感謝の心を込めて押しいただく。
찻잔을 두 손으로 들면서 감사의 마음을 담아 정중하게 받습니다.

명+をこめて

- '어떤 일이나 물건에 마음이나 생각을 담는다'라는 의미이다.
- '명+をこめた(~을 담은)+명' '명+のこもった(~가 담긴)+명'이라는 표현도 자주 사용한다.

예 願いを込めた短冊を笹に飾りつける。
소원을 담은 단자쿠(직사각형의 조붓한 종이)를 갓에 장식하다.

예 母はいつも愛情のこもったお弁当を作ってくれる。
어머니는 언제나 사랑이 담긴 도시락을 만들어 준다.

예문

① 快復への願いをこめて、千羽鶴を折った。
쾌차를 기원하면서 천 마리 학을 접었다.

② 法案の強行採決に怒りをこめて抗議する。
법안의 강행 표결에 대한 분노를 담아서 항의하다.

③ 指導してくださった先生に感謝の気持ちをこめて花束を贈った。
지도해주신 선생님에게 감사의 마음을 담아 꽃다발을 보냈다.

2 ～きる 끝까지 ～하다

全部飲み切るまで、置いてはいけない。

다 마실 때까지 내려놓아서는 안 된다.

동(ます형)+きる

- '最後まで～する(마지막까지 ～하다)' '全部～する(전부 ～하다)' '完全に～する(완전히 ～하다)' '十分に～する(충분히 ～하다)'라는 의미이다.

예	売り切る	다 팔다
	腐り切る	완전히 부패하다
	困り切る	몹시 난처해지다
	閉め切る	완전히 닫다
	信じ切る	끝까지 믿다
	使い切る	끝까지 다 쓰다
	疲れ切る	완전히 지치다
	なり切る	완전히 변모하다/완전히 그것이 되다
	伸び切る	다 늘어나다/다 펴지다
	走り切る	끝까지 달리다
	冷え切る	완전히 식어버리다/싸늘하게 식다
	登り切る	끝가지 올라가다

예문

① れん君は嫌いな野菜を最後まで食べ切った。

렌 군은 싫어하는 채소를 끝까지 다 먹었다.

② 千ページもある長編小説を一週間かけて読み切った。

천 페이지나 되는 장편소설을 일주일만에 다 읽었다.

③ 怪しい集団に追いかけられたが、なんとか逃げ切った。
수상한 집단에게 쫓겼지만 가까스로 따돌렸다.

문형 연습

① 日々のストレスをすべて出し(　　　　　　)。

② 世界平和への願い(　　　　　　)、この歌を歌います。

본문

[茶道教室]

講師 : はい、ではお茶の飲み方を説明しますね。まず、お茶碗についてですが、お茶碗には正面があります。どこが正面だと思いますか。

ソヨン : 絵が描いてある方じゃないですか。

講師 : はい、ソヨンさん。その通りです。絵が描いてあるお茶碗は、絵が描いてあるところが正面です。絵がないお茶碗の場合は、お茶をいただいた時、自分の前にあるのが正面になります。

まずこのようにお茶をいただいたら、初めに両手をついて「お点前、ちょうだい致します」と言います。それから、お茶碗を右手で取って、左手の手のひらにのせて、このように右手を添えます。必ず両手でお茶碗を扱うようにしてくださいね。

それから、お茶碗を両手で持ちながら、感謝の心を込めて、押しいただきます。感謝の一礼をするような感じですね。

はい、そして、正面を避けるために、お茶碗を時計回りに二回、回します。

それから、お茶をいただきます。何口で飲んでも構いませんが、全部飲み切るまで置いてはいけません。もし、お茶が残っているのに置いてしまうと、「もういらないのかな？」と思われますので、必ず飲み切ってくださいね。

そして、飲み終わるときに「スッ」と音を立てます。この音が、「おいしくいただきました」という合図になるんですよ。やってみますね。

ソヨン(ひとりごと) : へえ、「スッ」っていう音が「おいしくいただきました」なんだ！

講師 : 飲み終わったら、お茶碗の飲み口を左から右に一回、右手の指で清めます。その指は懐紙などで拭いてください。

最後に、お茶碗を反時計回りに二回まわします。そうすると、お茶碗の正面が自分の方に戻ってきますよね。ではペアになって練習してみましょうか。

(ペアになって練習をする。)

伊波 : じゃあ、ソヨンさん、お先にどうぞ。

ソヨン : あ、うん。

(ぎこちない動き。お茶碗を時計回りではなく反時計回りに回してしまう。)

伊波 : あれ。時計回りだよ。反対、反対。

ソヨン : あ、そっか。

(飲み終わって飲み口を右手で清めるのを忘れて、すぐお茶碗を回そうとする。)

伊波 : あ、右手で飲み口を清めないと。

ソヨン : あ、えっと、こうか。難しいな。

Tip

「お点前ちょうだい致します」는 인사말이라 직역하기 어렵습니다만 '잘 먹겠습니다'정도로 생각하면 됩니다.

본문 해석

[다도교실]

강사 : 자, 그럼 차 마시는 방법을 설명하겠습니다. 우선 찻잔에 대해서인데요, 찻잔에는 정면이 있습니다. 어디가 정면이라고 생각하세요?

소연 : 그림이 그려져 있는 쪽이 아닐까요?

강사 : 네, 소연 씨. 그렇습니다. 그림이 그려져 있는 찻잔은 그림이 그려진 부분이 정면입니다. 그림이 없는 찻잔의 경우는 차를 받았을 때 자기 앞에 있는 쪽이 정면이 됩니다.
우선 이렇게 차를 받으면 먼저 양손을 대고
"오테마에, 쵸다이 이타시마스(お点前(てまえ)、ちょうだい致(いた)します)"
라고 말합니다. 그다음에 찻잔을 오른손으로 들어서 왼손 손바닥에 올려놓고, 이렇게 오른손을 옆에 댑니다. 반드시 두 손으로 찻잔을 다루도록 하세요.
그리고 찻잔을 두 손으로 들면서 감사의 마음을 담아 정중하게 받습니다. 감사하다고 가볍게 절하는 느낌입니다.
네, 그리고 정면을 피하기 위해 찻잔을 시계 방향으로 두 번 돌립니다.
그러고 나서 차를 마십니다. 몇 차례에 나눠 마셔도 괜찮지만 다 마실 때까지 내려놓아서는 안 됩니다. 만약 차가 남아 있는데 내려놓으면 (차를 대접하는 사람이) '이제 그만 마시나?'하고 생각하기 때문에 반드시 다 마시기 바랍니다.
그리고 마지막으로 마실 때는 '슷'하는 소리를 냅니다. 이 소리가 '맛있게 마셨습니다'라는 표시가 됩니다. 제가 해보겠습니다.

소연(혼잣말) : 아, '슷'이라는 소리가 '맛있게 마셨습니다'라는 뜻이구나!

강사 : 다 마시고 나면 찻잔에서 마신 부분을 왼쪽에서 오른쪽으로 한번, 오른손 손가락으로 깨끗이 닦습니다. 그리고 손가락은 가이시(작은 한지) 등으로 닦아주세요.
마지막으로 찻잔을 시계 반대방향으로 두 번 돌립니다. 그렇게 하면 찻잔의 정면이 자기 앞으로 돌아오게 됩니다. 그럼 짝을 지어서 연습해 볼까요?

(짝을 지어 연습한다.)

이하 : 그럼 소연 씨가 먼저 해.

소연 : 응, 알았어.

(동작이 어설프다. 찻잔을 시계 방향이 아니라 시계 반대방향으로 돌리고 만다.)

이하 : 앗. 시계 방향이야. 반대, 반대로.

소연 : 아, 그렇지.

(다 마시고 나서 마신 부분을 오른손으로 깨끗이 닦는 것을 잊어버리고 바로 찻잔을 돌리려고 한다.)

이하 : 어, 오른손으로 마신 부분을 깨끗이 해야지.

소연 : 아, 이렇게 하는 건가. 어렵네.

OX 퀴즈

대화문을 다시 듣고 다음의 내용이 맞으면 O, 틀리면 X를 표시해 보세요.

① お茶碗は、必ず両手で扱わなければなりません。
찻잔은 반드시 두 손으로 다루어야 합니다.

② お茶を飲む時、お茶碗は何回置いても構いません。
차를 마실 때 찻잔은 몇 차례 내려놓아도 상관없습니다.

③ お茶を飲み終わったら、飲み口を右手の指で清めます。
차를 다 마시면 마신 부분을 오른손으로 깨끗이 닦습니다.

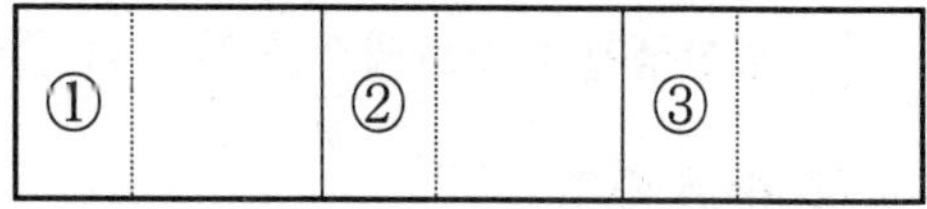

정답

듣기 연습 정답

① 時計回(とけいまわ)りに二回(にかい)、回(まわ)します。
시계 방향으로 두 번 돌립니다.

② 「スッ」という音(おと)が「おいしくいただきました」という合図(あいず)になるからです。
'슷' 하는 소리가 '맛있게 마셨습니다'라는 표시이기 때문입니다.

문형 연습 정답

① 切(き)る
일상생활의 스트레스를 전부 다 풀다.

② を込(こ)めて
세계평화에 대한 염원을 담아서 이 노래를 부르겠습니다.

OX 퀴즈 정답

① O

② X

お茶碗(ちゃわん)は、全部(ぜんぶ)飲(の)み切(き)るまで置(お)いてはいけません。
찻잔은 전부 다 마실 때까지 내려놓아서는 안 됩니다.

③ O

Lesson

16

가차시는 어떤 춤이야?

사진 제공 : Tatpon Bus Sripitukkieat

학습 내용

ソヨンさんは伊波(いは)くんに沖縄(おきなわ)の踊(おど)りを教(おし)えてもらうことになりました。さて、ソヨンさんは沖縄(おきなわ)の踊(おど)りをマスターすることができるでしょうか。

소연 씨는 이하 군에게 오키나와의 춤을 배워보기로 했습니다. 소연 씨는 오키나와의 춤을 마스터할 수 있을까요?

듣기 연습

학습을 시작하기에 앞서 음성 파일을 듣고 다음 질문에 답해보세요.

① カチャーシーは、いつ踊(おど)りますか。
가차시는 언제 추는 춤입니까?

② 女性(じょせい)のカチャーシーの踊(おど)り方(かた)を教(おし)えてください。
여성이 가차시를 추는 방법을 설명해 보십시오.

어휘

かりゆし	(명) 가리유시 웨어, 오키나와 말로 경사스럽다는 의미
フォーマルウエア	(명) 포멀 웨어, 격식을 차린 옷차림
カチャーシー	(명) 가차시, 빠른 템포의 곡에 맞춰서 추는 오키나와의 전통춤
お祝(いわ)いごと	(명) 축하할 일, 경사
グー	(명) 주먹, 가위바위보에서 바위
こぶし	(명) 주먹
舞(ま)う	(동) 흩날리다, 춤추다
手首(てくび)	(명) 손목

주요 문형

1 ~をとおして ~을 통해(서)

沖縄(おきなわ)は一年(いちねん)を通(とお)して暑(あつ)い。

오키나와는 일 년 내내 덥다.

명+をとおして

- ①'~の期間(きかん)ずっと(~의 기간 동안 계속)'라는 의미로 사용한다.
- ②'~を媒介(ばいかい)·手段(しゅだん)として(~을 매개 · 수단으로 하여)'라는 의미로 사용한다.

  예 作品(さくひん)を通(とお)してメッセージを伝(つた)える。

  작품을 통해 메시지를 전달하다.
- '명+をつうじて'와 거의 같은 의미의 표현이다.

예문

① ハワイは一年(いちねん)を通(とお)して暖(あたた)かく過(す)ごしやすい。

하와이는 연중 따뜻해서 살기가 좋다.

② 年間(ねんかん)を通(とお)して、様々(さまざま)なイベントを実施(じっし)している。

일 년 내내 여러 가지 이벤트를 실시하고 있다.

③ 桜(さくら)や紅葉(こうよう)など、四季(しき)を通(とお)して、美(うつく)しい景観(けいかん)を楽(たの)しむことができる。

벚꽃과 단풍 등 사계절 내내 아름다운 경관을 즐길 수 있다.

2 ~たび(に) ~할 때마다

お祝(いわ)いごとがあるたびに、カチャーシーを踊(おど)る。
축하할 일이 있을 때마다 가차시를 춘다.

동(기본형)/명の+たび(に)

- '~するときは、いつも(~할 때는 언제나)' '~する時(とき)ごとに(~할 때마다)'라는 의미이다.
- 'AたびにB'에서 A는 반복적으로 일어나는 일이며 A가 일어날 때마다 B도 함께 일어난다는 것을 나타낸다.

예문

① 部長(ぶちょう)は出張(しゅっちょう)のたびに、お土産(みやげ)を買(か)って来(き)てくれる。
부장님은 출장 때마다 선물을 사 오신다.

② ログインのたびに、IDやパスワードを入力(にゅうりょく)しなければならない。
로그인할 때마다 ID와 비밀번호를 입력해야 한다.

③ 妹(いもうと)とけんかをするたびに、母親(ははおや)にしかられた。
여동생과 싸울 때마다 엄마에게 꾸중을 들었다.

문형 연습

① 新製品(しんせいひん)が出(で)る(　　　　　　)話題(わだい)になる。

② 四季(しき)(　　　　　　)様々(さまざま)な催(もよお)しが開催(かいさい)される。

본문

[公園のベンチで]

ソヨン : 伊波君、そのシャツいいね。

伊波 : これは、かりゆしっていう沖縄のシャツなんだ。

ソヨン : へえ、そうなんだ。

伊波 : 沖縄って、一年を通して暑いから、スーツではなく、このかりゆしをフォーマルウェアとして着るんだ。うちの父親なんかも結婚式にこのかりゆしを必ず着ていくよ。

ソヨン : そうなんだ。

伊波 : ほら。

(伊波君が結婚式の写真を見せる。ソヨン、写真をみる。)

ソヨン : ねえねえ、これは何をしてるの？

伊波 : これはね、カチャーシーを踊ってるんだ。

ソヨン : カチャーシー？

伊波 : うん。沖縄では、お祭りとか結婚式とかお祝いごとがあるたびに、カチャーシーというダンスを踊るんだ。

ソヨン : どんな踊りなの？

伊波 : じゃあ、ちょっと踊ってみるね。

ソヨン : うん。

(伊波くん踊る。)

ソヨン : 手をグーにして踊ればいいのか。

伊波 : あ、ごめん、ごめん。男性の踊りと女性の踊りはちょっと違うんだ。女性の場合は、こぶしを握らず、手をパーにして、ちょうが舞うように、手を動かさないといけないんだ。

ソヨン : こんな感じかな？

伊波(いは) : そうそう。あと手首(てくび)も回(まわ)してみて。

ソヨン : うーん。難(むずか)しいな。

伊波(いは) : まあ、踊(おど)っているうちに、上手(じょうず)に踊(おど)れるようになると思(おも)うよ。

(二人(ふたり)で踊(おど)る。)

본문 해석

[공원 벤치에서]

소연 : 이하 군, 그 셔츠 예쁘다.

이하 : 이건 가리유시라고 하는 오키나와의 셔츠야.

소연 : 아, 그렇구나.

이하 : 오키나와는 일 년 내내 더워서 정장이 아니라 이 가리유시를 포멀한 복장으로 입거든. 우리 아버지는 결혼식에도 꼭 가리유시를 입고 가셔.

소연 : 그렇구나.

이하 : 이거 봐.

(이하 군이 결혼식 사진을 보여준다. 소연, 사진을 본다.)

소연 : 그런데 이건 뭘 하고 있는 거야?

이하 : 이건 가차시를 추고 있는 거야.

소연 : 가차시?

이하 : 응. 오키나와에서는 축제나 결혼식 같은 축하할 일이 있을 때마다 가차시라는 춤을 추거든.

소연 : 어떤 춤이야?

이하 : 그럼, 잠깐 보여 줄게.

소연 : 응.

(이하 군이 춤을 춘다.)

소연 : 주먹을 쥐고 추는구나.

이하 : 아, 미안, 미안. 남자 춤과 여자 춤은 조금 달라. 여성의 경우는 주먹을 쥐지 않고 손을 펴서 나비가 날듯이 손을 움직여야 해.

소연 : 이런 느낌으로?

이하 : 맞아. 그리고 손목도 돌려봐.

소연 : 음. 어렵네.

이하 : 뭐, 추다 보면 잘 출 수 있게 될 거야.

(두 사람이 춤을 춘다.)

OX 퀴즈

대화문을 다시 듣고 다음의 내용이 맞으면 O, 틀리면 X를 표시해 보세요.

①沖縄は、一年中暑いです。
오키나와는 일 년 내내 덥습니다.

② 伊波君のお父さんも結婚式があると、必ずかりゆしを着ていきます。
이하 군의 아버지도 결혼식이 있으면 반드시 가리유시를 입고 갑니다.

③ 男性がカチャーシーを踊るときは、こぶしを握って踊ります。
남성이 가차시를 출 때는 주먹을 쥐고 춥니다.

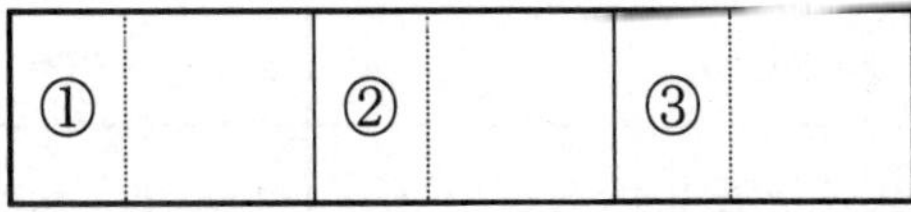

보충 설명

오키나와 말을 배워 봅시다.

일본어	오키나와 말 (ウチナーグチ)	한국어 번역
こんにちは。	はいさい。(남자) はいたい。(여자)	안녕하세요.
はじめまして。	はじみてぃやーさい。	처음 뵙겠습니다.
いらっしゃいませ。	めんそーれ。	어서 오세요.
お元気(げんき)ですか。	ちゃーがんじゅーそーしーがや。	잘 지내셨습니까?
元気(げんき)です。	ちゃーがんじゅーそーんどー。	잘 지냅니다.
ありがとう。	にふぇーでーびる。	감사합니다.
いただきます。	くわっちーさびら	잘 먹겠습니다.
ごちそうさま。	くわっちーさびたん	잘 먹었습니다.
お願(ねが)いします。	うにげえさびら	부탁합니다.
何(なん)ですか。	ぬーやいびーが。	뭐예요?
分(わ)かりました。	わかやびたん。	알겠습니다.
お邪魔(じゃま)します。 失礼(しつれい)します。	ちゃーびらさい。	실례하겠습니다.

정답

듣기 연습 정답

① お祭りや結婚式などお祝いごとがあるときに踊ります。
축제나 결혼식 등 축하할 일이 있을 때 춥니다.

② こぶしを握らず、手をパーにして、ちょうが舞うように、手を動かして踊ります。
주먹을 쥐지 않고 손을 펴서 나비가 날듯이 손을 움직이며 춥니다.

문형 연습 정답

① たびに
신제품이 나올 때마다 화제가 된다.

② を通して
사계절 내내 여러 가지 행사가 개최된다.

OX 퀴즈 정답

① O
沖縄は一年を通して暑いです。
오키나와는 연중 덥습니다.

② O

③ O
男性は、手をグーにして踊ります。
남성은 주먹을 쥐고 춥니다.

Lesson
17

양파를 볶아줄래?

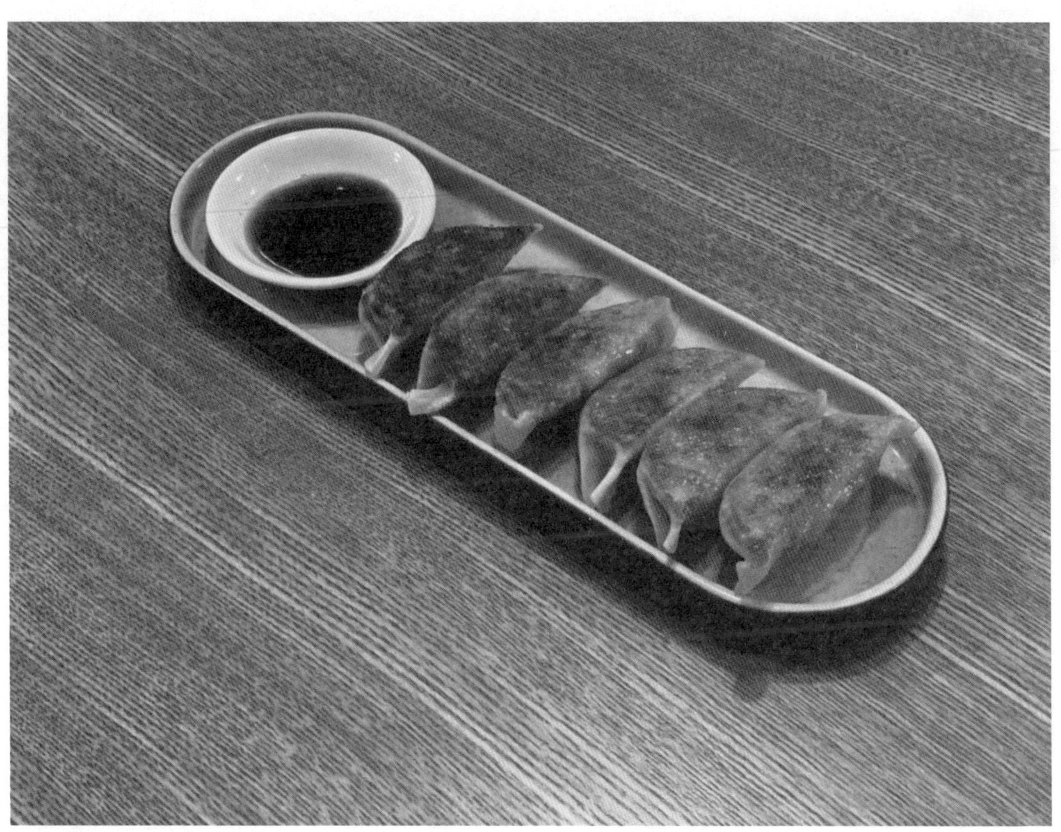

사진 제공 : Sugiura Nami

학습 내용

ソヨンさんは、佐藤さんの家に招待されて餃子作りをすることになりました。日本の餃子と韓国の餃子の作り方は少し違います。果たして、ソヨンさんは上手に餃子を作れるでしょうか。

소연 씨는 사토 씨 집에 초대받아서 만두를 만들게 되었습니다. 일본의 만두와 한국의 만두는 만드는 방법이 약간 다릅니다. 과연 소연 씨는 만두를 무사히 만들 수 있을까요?

듣기 연습

학습을 시작하기에 앞서 음성 파일을 듣고 다음 질문에 답해보세요.

① キャベツはどのように調理しますか。
양배추는 어떻게 조리합니까?

② 日本の餃子と韓国の餃子の調理の仕方はどのように違いますか。
일본의 만두와 한국의 만두는 조리 방법이 어떻게 다릅니까?

어휘

みじん切り	(명) 아주 잘게 썲
水気	(명) 물기
しぼる	(동) 짜내다
炒める	(동) 볶다
うまみ	(명) 감칠맛
万国	(명) 만국
蒸し器	(명) 찜기
焦げ目	(명) 눌은 자국

주요 문형

1 ~(か)とおもいきや ~(라고) 생각했으나

餃子の具は、万国共通かと思いきや、そうじゃないんだね。
만두소는 만국 공통인가 했더니 그렇지 않구나.

동(보통형)/명/문장+(か)とおもいきや
- '~라고 생각했는데 의외로'라는 의미이다.
- 'A(か)とおもいきやB'는 뒤에서 A라는 것을 부정한다.

예문

① 怒られるかと思いきや、ほめられたので驚いた。
혼날 거라고 생각했는데 칭찬을 받아서 놀랐다.

② 一日中雨かと思いきや、昼過ぎからは晴れてきた。
하루 종일 비가 올 거라고 생각했는데 오후부터는 맑아지기 시작했다.

③ 先輩がおごってくれると思いきや、なんと割り勘だった。
선배가 사줄 거라고 생각했는데 각자 냈다.

2 ~からって(~からといって) ~라고 해서

おいしいからって、食べすぎないように。
맛있다고 너무 과식하지 않도록 해.

동(보통형)/い형(보통형)/な형(보통형)/명(보통형)+からって(からといって)
- 'Aからって(からといって)B(A라고 해서 B)'는 A라는 이유가 있더라도 B가 성립하지는 않는다는 의미이다.
- 뒤에는 부정표현이 온다.
- 조언을 할 때나 주의를 줄 때 사용한다.
- '~からって'가 '~からといって'보다 허물없는 표현이다.

예문

① 一生懸命勉強したからといって、合格するとは限らない。
열심히 공부했다고 해서 꼭 합격한다고는 할 수 없다.

② つらいからといって、途中で投げ出すわけにはいかない。
힘들다고 해서 중간에 포기할 수는 없다.

③ 子どもだからって、甘やかしちゃいけない。
아이라고 해서 응석을 받아주어서는 안 된다.

문형 연습

① 暇だ(　　　　　　)、遊んでいるわけにはいかない。

② 批判が殺到する(　　　　　　)、応援する声の方が多かった。

■ 본문

[佐藤さんの家]

佐藤 : じゃあ、そろそろ餃子作りを始めよっか。

ソヨン : はい。まず、何をしたらいいですか。

佐藤 : そうだね。まずキャベツとニラと玉ねぎをみじん切りにしてもらえる？

ソヨン : はい。

佐藤 : みじん切りにしたキャベツには、塩をふりかけてね。で、水気が出たら、ふきんに包んで水をしぼっておいて。

ソヨン : あのう、ニラと玉ねぎはどうしましょうか。

佐藤 : ああ、ニラと玉ねぎは何もしなくていいよ。

ソヨン : はい。

(キャベツの水気をしぼり終わる。)

ソヨン : 終わりました。

佐藤 : じゃあ、そこにあるフライパンで玉ねぎが色づくまで炒めてもらえる？

ソヨン : えっ、炒めてから入れるんですか？

佐藤 : うん。炒めて入れるとコクが出るんだって。

ソヨン : コクって何ですか？

佐藤 : ああ、濃いうまみのことをコクっていうの。

ソヨン : へえ。そうなんですね。

(玉ねぎを炒め終わる。)

ソヨン : 終わりました。

佐藤 : ボールにひき肉と塩が入っているから、水気をしぼったキャベツと、あら熱を取った玉ねぎと切ったニラを入れて混ぜてくれる？あっ、ニンニクとショウガ、ごま油も入れてね。

ソヨン : あのう、もやしとか、春雨は入れないんですか？

佐藤：えっ、もやしと春雨？入れないよ。

ソヨン：そうなんですか。

佐藤：韓国は入れるの？餃子の具って、万国共通かと思いきや、そうじゃないんだね。

（餃子を包み終わる。）

ソヨン：そろそろ、蒸し器出しましょうか？

佐藤：あ、フライパンで焼くから蒸し器はいらないよ。

ソヨン：日本の餃子は焼くんですか。

佐藤：えっ、韓国の餃子って蒸すの？

ソヨン：はい。蒸すことが多いですね。

佐藤：そうなんだ。まあ、でも日本の餃子も、焦げ目をつけてから、熱湯を入れてふたをするから、蒸し焼きといった方が正しいかもね。

（餃子ができあがる。）

ソヨン：いただきます。わあ、おいしい！

佐藤：ソヨンさん、おいしいからって、あんまり食べすぎないようにね。

ソヨン：はーい。

佐藤：次回は韓国の餃子を作ろうね。

ソヨン：はい。そうしましょう。

본문 해석

[사토 씨의 집]

사토 : 이제 슬슬 만두를 만들어 볼까.

소연 : 네. 우선 뭘 하면 될까요?

사토 : 글쎄. 먼저 양배추랑 부추, 양파를 다져줄래?

소연 : 네.

사토 : 다진 양배추에는 소금을 뿌려 둬. 나중에 물기가 생기면 행주로 싸서 물기를 짜내고.

소연 : 그럼 부추랑 양파는 어떻게 할까요?

사토 : 응, 부추랑 양파는 그냥 두면 돼.

소연 : 네.

(양배추의 물기를 다 짜낸다.)

소연 : 다 했어요.

사토 : 그럼 거기 있는 프라이팬에 양파가 갈색이 될 때까지 볶아줄래?

소연 : 어, 볶아서 넣어요?

사토 : 응. 볶아서 넣으면 '고쿠'가 난다네.

소연 : '고쿠'가 뭔데요?

사토 : 아, 깊은 감칠맛을 '고쿠'라고 해.

소연 : 네. 그렇군요.

(양파 볶기가 끝난다.)

소연 : 다 볶았어요.

사토 : 볼에 다진 고기와 소금이 들어 있으니까 물기를 짜낸 양배추랑 한 김 식힌 양파랑 썰어 놓은 부추를 넣어서 섞어줄래? 아, 마늘이랑 생강, 참기름도 넣어줘.

소연 : 저, 숙주나 당면은 안 넣어요?

사토 : 어, 숙주랑 당면? 안 넣는데.

소연 : 그래요?

사토 : 한국에서는 넣어? 만두소는 만국 공통인가 했더니 그렇지 않구나.

(만두 빚기가 끝난다.)

소연 : 이제 찜기를 꺼낼까요?

사토 : 아, 프라이팬에 구울 거니까 찜기는 필요 없어.

소연 : 일본의 만두는 구워요?

사토 : 어, 한국의 만두는 찌는 거야?

소연 : 네. 찌는 경우가 많아요.

사토 : 그렇구나. 하긴 일본의 만두도 눋도록 구운 다음에 뜨거운 물을 붓고 뚜껑을 덮어서 익히니까 구워서 찐다고 하는 게 맞을지도 모르겠네.

(만두가 완성된다.)

소연 : 잘 먹겠습니다. 와, 맛있다!

사토 : 소연 씨, 맛있다고 너무 과식하지 말아요.

소연 : 네.

사토 : 다음에는 한국 만두를 만들자.

소연 : 네. 그렇게 해요.

OX 퀴즈

대화문을 다시 듣고 다음의 내용이 맞으면 O, 틀리면 X를 표시해 보세요.

① みじん切りにしたニラと玉ねぎは、ふきんに包んで、水気をしぼります。
다진 부추와 양파는 행주로 싸서 물기를 짜냅니다.

② 玉ねぎは、炒めてから入れるとうまみが増します。
양파는 볶은 다음에 넣으면 더 맛있어집니다.

③ 日本の餃子の材料には、もやしや春雨が入っていません。
일본의 만두 재료에는 숙주나 당면이 들어가지 않습니다.

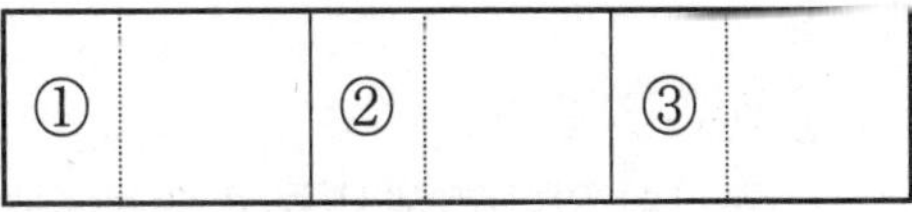

정답

듣기 연습 정답

① みじん切りにして、塩をふりかけ、水気が出たら、ふきんに包んで水をしぼります。
다져서 소금을 뿌리고 물기가 생기면 행주로 싸서 물기를 짜냅니다.

② 日本の餃子は蒸し焼きにしますが、韓国の餃子は蒸すことが多いです。
일본의 만두는 프라이팬에 먼저 구운 후 물을 넣고 익히지만, 한국의 만두는 찌는 경우가 많습니다.

문형 연습 정답

① からって
시간이 있다고 해서 놀고 있을 수는 없다.

② かと思いきや
비판이 쇄도할 거라고 생각했는데 응원하는 소리가 더 많았다.

OX 퀴즈 정답

① X
ニラと玉ねぎは、水気をしぼる必要がありません。
부추와 양파는 물기를 짤 필요가 없습니다.

② O
玉ねぎは、炒めてから入れるとコクが出ます。
양파는 볶아서 넣으면 감칠맛이 납니다.

③ O

Lesson
18

태풍이 접근 중입니다

학습 내용

外(そと)では、大雨(おおあめ)が降(ふ)っています。心配(しんぱい)になったソヨンさんはテレビのニュースを見始(みはじ)めました。ニュースでは今後(こんご)の天気(てんき)についてどのように言(い)っているでしょうか。

밖에는 폭우가 내리고 있습니다. 소연 씨는 걱정이 되어 텔레비전 뉴스를 보기 시작했습니다. 뉴스에서는 앞으로의 날씨에 대해 어떻게 말하고 있을까요?

듣기 연습

학습을 시작하기에 앞서 음성 파일을 듣고 다음 질문에 답해보세요.

① 台風十二号(たいふうじゅうにごう)の進路(しんろ)を教(おし)えてください。
태풍 12호의 진로를 말해 보십시오.

② 日本航空(にほんこうくう)と全日空(ぜんにっくう)は何便欠航(なんびんけっこう)することにしましたか。
일본항공과 전일본공수는 몇 편 결항하기로 했습니까?

어휘

大荒(おおあ)れ　(명) 심한 폭풍우

暴風域(ぼうふういき)　(명) 폭풍권

巻(ま)き込(こ)む　(동) 말려들게 하다, 휩쓸리게 하다

勢力(せいりょく)　(명) 세력

見込(みこ)み　(명) 전망, 예상

氾濫(はんらん)　(명/スル) 범람

相次(あいつ)ぐ　(동) 잇달다

伺(うかが)う　(동) 聞(き)く(듣다), 尋(たず)ねる(묻다)의 겸양어 I

주요 문형

1 ～から、～にかけて　～부터 ～에 걸쳐서

台風は、今夜遅くから明日朝にかけて、四国に上陸する。
태풍은 오늘 밤늦게부터 내일 아침에 걸쳐서 시코쿠 지역에 상륙한다.

명+から、명+にかけて
- 시간이나 장소를 나타내는 명사와 함께 쓰여 범위를 나타낸다.
- 범위가 분명하지 않을 때 사용한다.

예문

① 腰から足にかけて痛みやしびれを感じる。
허리부터 발까지 통증과 저림을 느낀다.

② 西日本から東日本にかけて局地的に雨雲や雷雲が発達している。
서일본부터 동일본에 걸쳐서 국지적으로 비구름과 소나기구름이 발달하고 있다.

③ 1980年代後半から1990年代初めにかけて起こった好況期のことをバブル時代という。
1980년대 후반부터 1990년대 초반에 걸쳐서 발생한 호황기를 거품경제 시대라고 한다.

2 ～なみ　～와 비슷한

時速二十キロと自転車並みの速度で進む。
시속 20㎞로 자전거와 비슷한 속도로 이동한다.

명+なみ

- 같은 정도라는 것을 나타낼 때 사용한다.
- 관용표현이 많다.

예

大人並み	어른과 비슷한 정도
十人並み	용모나 재능이 보통 정도임/평범함
世間並み	세상 사람과 같은 정도/보통
人間並み	보통 사람과 같은 정도/인간과 마찬가지임
人並み	남들과 비슷한 정도/남들만큼

예문

① 今年の夏は、例年並みか、それ以上の暑さが予想されている。
올해 여름은 예년과 비슷하거나 그 이상의 더위가 예상되고 있다.

② 非正規社員の賃金水準が正社員並みに引き上げられる見込みだ。
비정규직의 임금수준이 정규직 사원 수준으로 인상될 전망이다.

③ 人口が少ないのにもかかわらず、ラッシュ時には大都市並みの渋滞が発生する。
인구가 적음에도 불구하고 러시아워 때는 대도시와 비슷한 정체가 발생한다.

문형 연습

① みんなの前でプロ(　　　　　　)の料理の腕前を披露する。

② ラベンダーは六月下旬(　　　　　　)八月上旬(　　　　　　)花を咲かせる。

■ 본문

[ニュース画面]

キャスター1 : 大型で強い台風十二号が西日本に接近中です。東日本と西日本では、大荒れの天気に警戒が必要です。台風十二号は太平洋側の一部を暴風域に巻き込みながら、ゆっくりと北上しています。台風はこの後もあまり勢力を落とさずに、今夜遅くから明日朝にかけて、四国に上陸し、西日本を縦断する見込みです。東日本と西日本の太平洋側では、台風が接近する前からすでに雨が強まっています。予想される雨量は、明日の朝までに四国で七百ミリ、近畿・東海で六百ミリなどとなっています。土砂災害や河川の氾濫などに警戒が必要です。

[ソヨンの部屋]

ソヨン(ひとりごと) : 山とか川には近づかないほうがいいみたい。

[ニュース画面]

キャスター1 : またこの台風の影響で、空の便も欠航が相次いでいます。日本航空によりますと、現在四国や中国地方を発着する便を中心に六十一便の欠航が決まっています。また全日空でも、四国などを発着する四十九便の欠航を決めており、合わせて一万人以上に影響が出ています。日本航空、全日空ともに今のところ国際線には影響が出ていません。

[ソヨンの部屋]

ソヨン(ひとりごと) : 飛ばない飛行機も多いのか。他のチャンネルも見てみようっと。

(リモコンでチャンネルをかえる。)

[ニュース画面]

キャスター2： では、気象予報士の鈴木さんに伺います。鈴木さん、今回の台風十二号の特徴を教えてください。

気象予報士： はい。この台風は、動きが遅いのが、最大の特徴です。時速二十キロと自転車並みの速度で今日の夜から明日の未明にかけて四国に上陸した後、明日の昼頃、中国地方を通過すると見られています。

キャスター2： 長時間に渡って、影響が出そうですね。

気象予報士： そうなんです。暴風が続き、まとまった雨が降りそうです。明日朝にかけて、四国では七百ミリ、近畿や東海でも六百ミリ、その後もさらに降り続けると、7月の一ヶ月間に降る雨の二倍から三倍が降る見込みです。

[ソヨンの部屋]

ソヨン(ひとりごと)： 明日は出かけないほうが良いかもしれない。

본문 해석

[뉴스 화면]

앵커1 : 대형급의 강력한 태풍12호가 서일본에 접근 중입니다. 동일본과 서일본에서는 강풍과 폭우에 대한 대비가 필요합니다.

태풍12호는 태평양 연안 일부를 폭풍권에 넣으면서 천천히 북상하고 있습니다. 태풍은 이후에도 세력을 유지한 채 오늘 밤늦게부터 내일 아침에 걸쳐서 시코쿠(四国) 지역에 상륙하여 서일본을 종단할 것으로 보입니다. 동일본과 서일본의 태평양 연안에서는 태풍이 접근하기 전부터 이미 강한 비가 내리고 있습니다. 예상 강수량은 내일 아침까지 시코쿠 지역이 700㎜, 긴키(近畿) · 도카이(東海) 지역이 600㎜가 되겠습니다. 토사재해나 하천의 범람 등에 경계가 필요합니다.

[소연의 방]

소연(혼잣말) : 산이나 강에는 접근하지 않는 게 좋겠다.

[뉴스 화면]

앵커1 : 또한 이번 태풍의 영향으로 항공편의 결항이 속출하고 있습니다. 일본항공(JAL)에 따르면 현재 시코쿠와 주고쿠(中国) 지역의 공항을 이용하는 항공편을 중심으로 61편의 결항이 결정되었습니다. 또한 전일본공수(ANA)도 시코쿠 지역의 공항을 이용하는 항공편 49편의 결항이 결정되어 총 일만 명 이상의 이용객들의 발이 묶였습니다. 현재로는 일본항공, 전일본공수 모두 국제선은 정상 운항되고 있습니다.

[소연의 방]

소연(혼잣말) : 결항되는 비행기도 많구나. 다른 채널도 한번 봐야겠다.

(리모컨으로 채널을 돌린다.)

[뉴스 화면]

앵커2 : 그러면 스즈키 기상캐스터에게 물어보겠습니다. 스즈키 씨, 이번 태풍12호의 특징을 알려 주세요.

기상캐스터 : 네. 이번 태풍은 이동 속도가 느린 것이 가장 큰 특징입니다. 시속 20㎞로 자전거와 비슷한 속도로 오늘 밤부터 내일 새벽에 걸쳐서 시코쿠 지역에 상륙한 후, 내일 낮쯤 주고쿠 지역을 통과할 것으로 보입니다.

앵커2 : 장시간에 걸쳐 영향이 생기겠군요.

기상캐스터 : 그렇습니다. 폭풍이 계속되고 많은 양의 비가 내릴 것으로 보입니다. 내일 아침까지 시코쿠에는 700㎜, 긴키와 도카이 지역에도 600㎜, 그 후에도 계속 내리면 7월 한 달 동안에 내리는 강수량의 두 배에서 세 배가 내릴 것으로 전망됩니다.

[소연의 방]

소연(혼잣말) : 내일은 밖에 나가지 않는 편이 좋겠다.

OX 퀴즈

대화문을 다시 듣고 다음의 내용이 맞으면 O, 틀리면 X를 표시해 보세요.

① 国際線の欠航によって、一万人以上に影響が出ています。
국제선의 결항으로 일만 명 이상의 이용객들에게 영향이 미치고 있습니다.

② 台風十二号は、時速二十キロと自動車並みの速度で進んでいます。
태풍 12호는 시속 20㎞로 자동차와 비슷한 속도로 진행하고 있습니다.

③ 明日の朝にかけて、四国では、六百ミリの雨が降る見込みです。
내일 아침까지 시코쿠에는 600㎜의 비가 내릴 전망입니다.

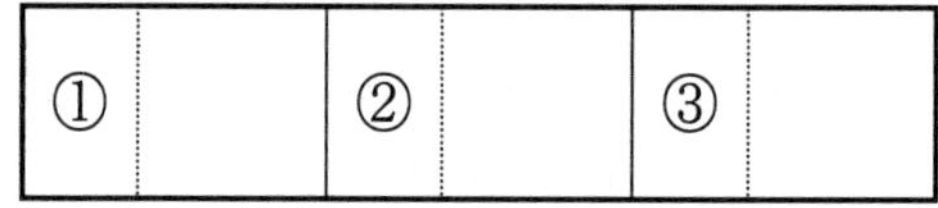

정답

듣기 연습 정답

① 太平洋側の一部を暴風域に巻き込みながら、ゆっくりと北上しています。この後もあまり勢力を落とさずに、今夜遅くから明日朝にかけて、四国に上陸し、西日本を縦断する見込みです。

태평양 연안 일부를 폭풍권에 넣으면서 천천히 북상하고 있습니다. 이후에도 세력을 유지한 채 오늘 밤늦게부터 내일 아침에 걸쳐서 시코쿠 지역에 상륙하여 서일본을 종단할 것으로 보입니다.

② 日本航空は六十一便、全日空は四十九便を欠航することにしました。

일본항공은 61편, 전일본공수는 49편을 결항하기로 했습니다.

문형 연습 정답

① 並み

사람들 앞에서 프로 수준의 요리 솜씨를 선보이다.

② から/にかけて

라벤더는 6월 하순부터 8월 상순에 걸쳐서 꽃을 피운다.

OX 퀴즈 정답

① X

欠航となったのは、国内線です。

결항된 것은 국내선입니다.

② X

自転車並みの速度で進んでいます。

자전거와 비슷한 속도로 진행하고 있습니다.

③ X

四国では、七百ミリの雨が降る見込みです。

시코쿠에는 700㎜의 비가 내릴 전망입니다.

Lesson
19

왜 토론 동아리에 들어갔어?

사진 제공 : Cao Wenkai

학습 내용

ソヨンさんは、ディスカッションサークルに所属している伊波君の話を聞いてみることにしました。伊波君はなぜディスカッションサークルに入っているのでしょうか。二人の話をよく聞いてみましょう。

소연 씨는 토론 동아리에 소속되어 있는 이하 군의 이야기를 들어보기로 했습니다. 이하 군은 왜 토론 동아리에 들어갔을까요? 두 사람의 이야기를 잘 들어봅시다.

듣기 연습

학습을 시작하기에 앞서 음성 파일을 듣고 다음 질문에 답해보세요.

① 就職活動におけるグループディスカッションでは、どのような役割がありますか。
구직활동에 있어서 그룹 토론에는 어떤 역할이 있습니까?

② 今の時代、特に求められている能力はどのような能力ですか。
요즘 시대에 특별히 요구되는 능력은 어떤 능력입니까?

어휘

選考	(명/スル) 선고, 전형
取り入れる	(동) 받아들이다, 도입하다
いまいち	(부) 조금 부족한 모양, 조금
書き留める	(동) 적어 두다, 기록하다
目立つ	(동) 눈에 띄다, 두드러지다
協調性	(명) 협조성
傾聴	(명/スル) 경청
いかに	(부) 얼마나, 아무리

주요 문형

1 ～にこしたことはない ～보다 더 좋은 것은 없다

早（はや）いうちから準備（じゅんび）するに越（こ）したことはない。
일찍부터 준비하는 것보다 더 좋은 건 없다.

동(기본형)/い형(기본형)/な형어간である/な형어간だった/명である＋にこしたことはない

- '～하는 편이 제일 좋다'라는 의미이다.
- 주로 일반적이라고 여겨지는 내용에 대해서 언급할 때 사용한다.
- '超（こ）したことはない(넘은 적은 없다)'는 '수량・기준 등을 상회한 적이 없다'라는 의미이다.

예 店（みせ）の売（う）り上（あ）げが百万円（ひゃくまんえん）を超（こ）したことはない。
가게의 매출이 백만 엔을 넘은 적은 없다.

예문

① 健康（けんこう）のことを考（かんが）えるなら、禁煙（きんえん）するに越（こ）したことはない。
건강을 생각한다면 금연하는 것이 제일이다.

② 文法研究（ぶんぽうけんきゅう）において、用例（ようれい）は多（おお）ければ多（おお）いに越（こ）したことはない。
문법연구에 있어서 용례는 많으면 많을수록 좋다.

③ 返事（へんじ）は早（はや）いに越（こ）したことはないですが、まだ時間（じかん）があるのでゆっくりでいいですよ。
빨리 답하는 것이 가장 좋겠지만 아직 시간이 있으니까 천천히 답해도 괜찮아요.

2 ~というわけではない ~라는 것은 아니다

自分をアピールしたから評価が良くなる<u>っていうわけじゃない</u>。
자신을 어필했다고 평가가 좋아지는 건 아니다.

동(보통형)/い형(보통형)/な형(보통형)/명(보통형)/명+というわけではない

- '決して~というのではない(결코 ~라는 것은 아니다)'라는 의미이다.
- 친한 사람과의 대화에서는 '~って(いう)わけじゃない'의 형태로 사용하는 경우가 많다.

예문

① 嫌いっていうわけじゃないけど、彼女といるとなぜか疲れてしょうがない。
싫은 건 아니지만 그녀와 있으면 왠지 너무 피곤하다.

② 田中さんは成績がいいが、だからといって勉強ばかりしているというわけではない。
다나카 씨는 성적이 좋은데, 그렇다고 해서 공부만 하는 것은 아니다.

③ 今日の話し合いはここまでにしますが、決して納得したというわけではありません。
오늘 논의는 이정도로 하겠습니다만, 결코 납득했다는 뜻은 아닙니다.

문형 연습

① 経験はある(　　　　　)ですが、初心者でもできる仕事なので心配しなくていいですよ。

② この車に十五年乗っているが、新しい車を買うお金がない(　　　　　)。

본문

[大学の講義室]

ソヨン：伊波君は、どうしてディスカッションサークルに入ったの？

伊波：ああ、最近はさ、就職の選考で「グループディスカッション」を取り入れてる会社が多くてさ。僕、意見言うのとか、いまいち苦手だから、今のうちから練習しておこうと思ったわけ。早いうちから準備するに越したことはないからね。

ソヨン：へえ、そうなんだ。「グループディスカッション」ってどんなふうにするの？

伊波：だいたい四人から七人くらいのグループになって、与えられたテーマについて、参加者みんなで協力しながら結論を出していくんだ。

ソヨン：ふうん、ただ意見を言うだけでいいの？

伊波：いや、いろいろと役割があってさ。例えば、議論の中心になるリーダーとか、みんなから出された意見を書き留める書記とか、時間を計るタイムキーパーとか…。

ソヨン：へえ、じゃ、リーダーになって目立った方が、自分をアピールできるから有利なのかな？

伊波：そこがポイントなんだけどさ。自分をアピールしたから評価が良くなるっていうわけじゃないんだよね。企業側としては、筆記試験とか面接とかでは分からない部分を見たいわけじゃん。例えば、協調性とか、傾聴力とかさ。

ソヨン：「傾聴力」って何？

伊波：他人の話をいかによく聞けるかっていう能力のこと。ほら、結局、会社で働くってことは、周りの人と協力し合って結果を出すってことだから、今の時代、特にコミュニケーション能力が求められてるみたいなんだよね。

ソヨン：へえ、そうなんだ。私もディスカッション、あんまり得意じゃないから、サークルに入って練習しようかな。

伊波：うん、そうしなよ。うちのサークルはいつでも大歓迎だよ！

본문 해석

[대학교 강의실]

소연 : 이하 군은 왜 토론 동아리에 들어갔어?

이하 : 어, 최근에는 취직 시험에서 '그룹 토론'을 도입하는 회사가 많은데, 나는 의견을 말하는 게 좀 서툴러서 지금부터 연습해 둬야겠다고 생각했지. 일찍부터 준비하는 게 제일 좋으니까.

소연 : 아, 그렇구나. '그룹 토론'은 어떤 식으로 해?

이하 : 대략 4명에서 7명 정도가 그룹이 되어서, 주어진 주제에 대해 참가자가 함께 협력하면서 결론을 도출해 나가는 거야.

소연 : 음, 그냥 의견만 얘기하면 되는 거야?

이하 : 아니, 여러 역할이 있어. 예를 들어 논의의 중심이 되는 리더라든가, 사람들이 내는 의견을 기록하는 서기라든가, 시간을 재는 타임키퍼라든가….

소연 : 아, 그럼 리더가 되어 눈에 띄는 편이 자신을 어필할 수 있으니까 유리하겠네?

이하 : 그렇게 생각하기 쉬운데, 자신을 어필했다고 평가가 좋아지는 건 아니야. 회사 입장에서는 필기시험이나 면접에서는 알 수 없는 부분을 보고 싶은 거잖아. 예를 들어 협조성이나 경청 능력 같은 것.

소연 : '경청 능력'은 뭐야?

이하 : 다른 사람의 말을 잘 들어주는 능력을 말해. 결국 회사에서 일한다는 건 주변 사람들과 협력해서 결과를 내는 거니까, 요즘 시대에는 특히 커뮤니케이션 능력이 요구되는 것 같아.

소연 : 아, 그렇구나. 나도 토론은 별로 자신 없으니까 동아리에 들어가서 연습할까?

이하 : 응, 그렇게 해. 우리 동아리는 언제라도 대환영이야!

OX 퀴즈

대화문을 다시 듣고 다음의 내용이 맞으면 O, 틀리면 X를 표시해 보세요.

① 伊波君は意見を言うのが得意です。
이하 군은 의견을 말하는 것에 자신이 있습니다.

② グループディスカッションでは、リーダーになって自分をアピールした方が有利です。
그룹 토론에서는 리더가 되어 자신을 어필하는 편이 유리합니다.

③「傾聴力」とは他の人の話をいかによく聞けるかという能力のことです。
'경청 능력'이란 다른 사람의 말을 잘 들어주는 능력을 말합니다.

①		②		③	

정답

듣기 연습 정답

① リーダー、書記(しょき)、タイムキーパーなどの役割(やくわり)があります。
리더, 서기, 타임키퍼 등의 역할이 있습니다.

② コミュニケーション能力(のうりょく)です。
커뮤니케이션 능력입니다.

문형 연습 정답

① にこしたことはない
경험이 있으면 더 좋겠지만 초보자도 할 수 있는 일이니까 걱정하지 않아도 됩니다.

② というわけではない
이 자동차를 15년 타고 있지만 새로운 차를 살 돈이 없는 것은 아니다.

OX 퀴즈 정답

① X

伊波君(いはくん)は意見(いけん)を言(い)うのが、あまり得意(とくい)ではありません。
이하 군은 의견을 말하는 것에 별로 자신이 없습니다.

② X

自分(じぶん)をアピールしたからといって、評価(ひょうか)が良(よ)くなるわけではありません。
자신을 어필했다고 해서 평가가 좋아지는 것은 아닙니다.

③ O

치카라 우동으로 할게요!

사진 제공 : Sugiura Nami

학습 내용

ソヨンさんと伊波君(いはくん)は定食屋(ていしょくや)にやってきました。ソヨンさんは、伊波君(いはくん)の説明(せつめい)を聞(き)いてメニューを決(き)めることができるのでしょうか。

소연 씨와 이하 군은 일본 가정식 식당에 왔습니다. 소연 씨는 이하 군의 설명을 듣고 메뉴를 정할 수 있을까요?

듣기 연습

학습을 시작하기에 앞서 음성 파일을 듣고 다음 질문에 답해보세요.

① 他人丼(たにんどん)には、何(なに)が入(はい)っていますか。
　'타닌동'에는 뭐가 들어 있습니까?

② うどんに生卵(なまたまご)を落(お)としたものをなぜ「月見(つきみ)うどん」といいますか。
　우동에 날계란을 넣은 것을 왜 '츠키미 우동'이라고 합니까?

어휘

丼(どん)もの	(명) 덮밥
半熟(はんじゅく)	(명) 반숙
溶(と)き卵(たまご)	(명) 푼 계란, 계란물
甘辛(あまから)い	(い형) 달고 짜다, 간장과 설탕으로 간을 한 맛
好物(こうぶつ)	(명) 좋아하는 음식
謎(なぞ)	(명) 수수께끼, 의문, 신비
ちょっとした	(연체) 약간의, 사소한
駄洒落(だじゃれ)	(명) 말장난, 언어유희

주요 문형

1 ～のなんのって 상당히 ～하다

おいしいのなんのって。
엄청 맛있어.

동(보통형)/い형(보통형)/な형어간な＋のなんのって
- ‘とても～だ(대단히 ～하다)’ ‘すごく～だ(굉장히 ～하다)’라는 의미이다.
- 단순히 ‘～だ(～하다)’라고 말할 때보다 정도가 심할 때 사용한다.
- 회화체에서 사용한다.

예문

① 初(はじ)めてはり治療(ちりょう)を受(う)けたんだけど、痛(いた)いのなんのって。気絶(きぜつ)するかと思(おも)ったよ。
처음으로 침 치료를 받았는데 너무 아팠어. 기절하는 줄 알았네.

② この前(まえ)の試験(しけん)の点数(てんすう)めちゃくちゃでさ。朝(あさ)から母(かあ)さんがうるさいのなんのって。
지난번 시험 점수가 엉망이어서, 아침부터 엄마 잔소리가 어찌나 심하던지….

③ 十年(じゅうねん)ぶりに佐藤(さとう)さんに会(あ)って、驚(おどろ)いたのなんのって。昔(むかし)はふっくらしてたのに、ガリガリだったんだよ。
10년 만에 사토 씨를 만났는데 엄청 놀랐어. 예전에는 통통했는데 깡말랐더라.

2 ～とすれば　～라고 한다면

だとすれば、卵と、何だろう？
그렇다면 계란이랑 뭐가 들어가는 걸까?

동(보통형)/い형(보통형)/な형(보통형)/명(보통형)+とすれば

- '～と仮定すれば(～라고 가정하면)'라는 의미이다.
- 'だとすれば(그렇다면)'라는 형태로 사용하는 경우는 앞의 발언을 받아서 'それが事実なら(그것이 사실이라면)'라는 의미이다.

예문

① 電話を取らないんだとすれば、山本さんはまだ寝ているに違いありません。
전화를 받지 않는다면 야마모토 씨는 아직 자고 있음에 틀림이 없습니다.

② いつも温厚な彼が本当にそんなことを言ったんだとすれば、よっぽど何かに腹を立てていたのでしょう。
항상 온후한 그가 정말 그런 말을 했다면 뭔가에 상당히 화를 내고 있었던 거겠지요.

③ A:鈴木さんは、その日店に行っていないと言っています。
B:だとすれば、鈴木さんは犯人ではないということになりますね。
A : 스즈키 씨는 그날 가게에 가지 않았다고 말했습니다.
B : 그렇다면 스즈키 씨는 범인이 아니라는 이야기죠.

문형 연습

① 調査結果が事実だ(　　　　　　)教授としての立場も危うくなるだろう。

② もう暑い(　　　　　　)。ちょっと歩いただけで汗ダラダラだったよ。

본문

[定食屋]

ソヨン：お腹すいたね。私、定食屋って初めて。メニューがすごくたくさんあるんだね。

伊波：そうだね。学生街にある定食屋ってだいたいこんな感じかな。えっと、何にしようかな…。

ソヨン：これが丼ものだよね。「かつ丼」は「とんかつ」、「天丼」は「天ぷら」がのってるのは知ってるんだけど…。「親子丼」って何？

伊波：ああ、親と子がのってるんだよ。親が鶏肉なんだけど、子は何だと思う？

ソヨン：もしかして、卵？

伊波：そう、卵！

ソヨン：鶏肉と卵の組み合わせってすごくおいしそうだね。

伊波：うん。ちょっと濃いめの味付けの鶏肉と半熟の溶き卵の組み合わせが、おいしいのなんのって。あ、じゃあ、ここにある「他人丼」って何がのってるのか分かる？

ソヨン：親子が鶏肉と卵。で、こっちは他人ということだよね。だとすれば、卵と、何だろう？

伊波：他人だから、卵と豚肉だよ。

ソヨン：へえ、なるほどね。うどん、そばのメニューもすごく多いね。この「月見うどん」ってどんなうどんなのかな？

伊波：「月見うどん」ってのは、うどんに生卵を落としたものなんだ。ほら、卵の黄身って月みたいじゃん。

ソヨン：そっか。じゃあ、この「きつねうどん」ってのは？

伊波：「きつねうどん」ってのは、うどんの上に甘辛く煮た油揚げがのってるんだよ。日本ではさ、油揚げがきつねの好物だっていわれてるんだ。だから、油揚げののったうどんが「きつねうどん」ってわけ。

ソヨン： へえ、なんできつねの好物が油揚げなのか謎だな。あと、この「力うどん」って何だろう？食べると力が出るのかな？それとも、力いっぱい作ったうどんのこと？

伊波：「力うどん」？ちょっと僕も分かんないな。お店の人に聞いてみよう。すみません。

店員： はい。

伊波： この「力うどん」って、どんなうどんなんですか？

店員： ああ、「力うどん」ですか。「力持ち」からついた名前らしいんですが、うどんの上に焼いたおもちがのっているんですよ。ちょっとした駄洒落ですよね。

ソヨン： おいしそう。私、「力うどん」にします。

본문 해석

[일본 가정식 식당]

소연 : 배고프다. 나는 일본 가정식 식당은 처음이야. 메뉴가 굉장히 많네.

이하 : 그렇지. 학교 근처에 있는 일본 가정식 식당은 대체로 이런 분위기이야. 자, 뭐 먹을까….

소연 : 이게 덮밥 종류지. '가츠동(かつ丼)'은 '돈가스', '텐동(天丼)'은 '튀김'을 올린 건 알겠는데…, '오야코동(親子丼)'은 뭐야?

이하 : 어, 부모랑 자식을 올린 거야. 부모는 닭고기. 그럼 자식은 뭘 것 같아?

소연 : 혹시 계란이야?

이하 : 맞아, 계란이야!

소연 : 닭고기랑 계란이 같이 들어가면 정말 맛있을 것 같아.

이하 : 응. 약간 강하게 간을 한 닭고기에 풀어서 살짝 익힌 계란이 어우러지면 엄청 맛있지. 아, 그럼 여기 있는 '타닌동(他人丼)'은 뭐가 들어가는지 알아?

소연 : 오야코동이 닭고기와 계란. 그리고 이건 타닌동이라는 말이지. 그렇다면 계란이랑 뭐가 들어가는 걸까?

이하 : 타인이니까 계란이랑 돼지고기야.

소연 : 아, 그렇구나. 우동, 소바 메뉴도 굉장히 많네. 이 '츠키미 우동(月見うどん)'이란 어떤 우동일까?

이하 : '츠키미 우동'이란 우동에 생계란을 얹은 거야. 왜, 계란의 노른자는 달 같이 보이잖아.

소연 : 그렇구나. 그럼 여기 '기츠네 우동(きつねうどん)'이란 건?

이하 : '기츠네 우동'은 우동 위에 달고 짜게 조린 유부를 올린 우동이야. 일본에서는 여우가 유부를 좋아한다고 하거든. 그래서 유부를 올린 우동을 '기츠네 우동'이라고 해.

소연 : 아, 여우가 왜 유부를 좋아하는지 모르겠네. 그러면 이 '치카라 우동(力うどん)'은 뭐지? 먹으면 힘이 나는 건가? 아니면 힘껏 만든 우동을 말하는 건가?

이하 : '치카라 우동'? 그건 나도 잘 모르겠네. 직원에게 물어보자. 저기요.

가게 직원 : 네.

이하 : 여기 '치카라 우동'이란 어떤 우동이에요?

가게 직원 : 아, '치카라 우동'이요? '치카라모치(力持ち)(장사)'에서 온 이름인 것 같은데, 우동 위에 구운 떡을 올립니다. 일종의 언어유희죠.

소연 : 맛있겠다. 저는 '치카라 우동'으로 할게요.

OX 퀴즈

대화문을 다시 듣고 다음의 내용이 맞으면 O, 틀리면 X를 표시해 보세요.

① 親子丼(おやこどん)の親(おや)は鶏肉(とりにく)で、子(こ)は卵(たまご)のことです。
오야코동에서 부모는 닭고기이고 자식은 계란을 말합니다.

② きつねうどんの上(うえ)にのっている油揚(あぶらあ)げは、塩辛(しおから)いです。
기츠네 우동 위에 올린 유부는 짭니다.

③ 力(ちから)うどんとは、上(うえ)に焼(や)いたおもちがのっているうどんのことです。
치카라 우동이란 위에 구운 떡을 올린 우동을 말합니다.

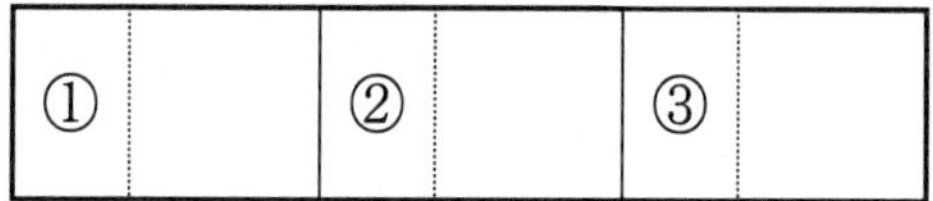

정답

듣기 연습 정답

① 豚肉(ぶたにく)と卵(たまご)です。
돼지고기와 계란입니다.

② 卵(たまご)の黄身(きみ)が月(つき)のように見(み)えるからです。
계란의 노른자가 달처럼 보이기 때문입니다.

문형 연습 정답

① とすれば
조사결과가 사실이라고 하면 교수로서의 입장도 위태로워질 것이다.

② のなんのって
더운 정도가 아니야. 조금만 걸어도 땀이 줄줄 흘렀다니까.

OX 퀴즈 정답

① O

② X
きつねうどんの上(うえ)にのっている油揚(あぶらあ)げは、甘辛(あまから)いです。
기츠네 우동 위에 올린 유부는 달고 짭니다.

③ O

Lesson 21

계란말이가 단 건 별로야

사진 제공 : Sugiura Nami

학습 내용

ソヨンさんがテレビをつけると、関東と関西の食文化の違いについての話をしていました。今度、関西方面に旅行しようと思っているソヨンさんはこの話題にとても興味があります。ソヨンさんと一緒に話を聞いてみましょう。

소연 씨가 텔레비전을 켜자 간토 지방과 간사이 지방의 식문화 차이에 대한 이야기를 하고 있었습니다. 다음에 간사이 방면으로 여행을 가려고 생각했던 소연 씨는 이 화제에 대단히 흥미가 있습니다. 소연 씨와 함께 이야기를 들어보기로 합시다.

듣기 연습

학습을 시작하기에 앞서 음성 파일을 듣고 다음 질문에 답해보세요.

① 男性は初めて東京に来たとき、何にびっくりしましたか。
남성이 처음 도쿄에 왔을 때 무엇때문에 놀랐습니까?

② なぜ関東ではうなぎを背中から割きますか。
간토지방에서는 왜 장어를 등쪽부터 가릅니까?

어휘

真っ先	(명) 제일 먼저, 맨 앞
思いつく	(동) 생각나다, 생각이 떠오르다
つゆ	(명) 면류를 찍어 먹는 간장, 장국
さばく	(동) 손질하다
割く	(동) 가르다, 따다
切腹	(명/スル) 할복
無頓着	(명/な형) 무신경함, 개의치 않음
改めて	(부) 다시금, 새삼

주요 문형

1 ~てはならない ~해서는 안 된다

「腹(はら)から切(き)る」という行為(こうい)は、あってはならないことだった
'배부터 가른다'는 행위는 있어서는 안 되는 일이었다.

동(て형)+はならない

- 금지의 표현이다.
- 특정 대상에게 사용하기 보다는 사회적인 규범 등에 대해서 언급할 때 사용한다.
- 구어체보다 문장체로 사용하는 경우가 많다.

예문

① この教訓(きょうくん)を決(けっ)して忘(わす)れてはならない。
이 교훈을 결코 잊어서는 안 된다.

② 同(おな)じ過(あやま)ちを決(けっ)して繰(く)り返(かえ)してはならない。
같은 잘못을 결코 되풀이해서는 안 된다.

③ 施設内(しせつない)に危険物(きけんぶつ)を持(も)ち込(こ)んではならない。
시설 안으로 위험물을 반입해서는 안 된다.

2 ～といい～といい ～도 그렇고 ～도 그렇고/～며 ～며

卵焼きといい、おにぎりといい、関東と関西で違いがあることに、改めて驚かされた。
계란말이도 그렇고 주먹밥도 그렇고 간토와 간사이 지방에 차이가 있다는 데에 새삼 놀랐다.

명+といい、명+といい
- 두 가지를 예로 들어 '～も～も全部(～도 ～도 전부)'라는 의미를 나타낸다.
- 예를 든 것 이외에도 그렇다는 의미가 포함되는 경우가 많다.
- 주관적인 평가를 내릴 때 사용한다.

예문

① 課長といい、部長といい、自分の出世のことしか考えていない。
과장도 그렇고 부장도 그렇고 자신의 출세밖에 생각하지 않는다.

② デザインといい、色合いといい、このブランドのかばんはどれも素晴らしい。
디자인이며 색상이며 이 브랜드 가방은 전부 멋있다.

③ 窓からの眺めといい、インテリアといい、さすが人気のマンションと言われるだけはある。
창에서 본 전망이며 인테리어며 이 아파트는 사람들에게 인기가 있을 수밖에 없다.

문형 연습

① 彼は越え(　　　　　　)一線を越えてしまった。

② 肉じゃが(　　　　　　)みそ汁(　　　　　　)、母の作る料理は何でもおいしい。

본문

[テレビ]

男性：関東と関西の違いというと、真っ先に思いつくのが、うどんのつゆの色じゃないでしょうか。関西の人が関東でうどん屋に入って、つゆの色が濃いことにびっくりしたという話はよく聞きます。

[ソヨンの部屋]

ソヨン(ひとりごと)：あ、関東と関西の違いについての話だ。今度関西に行くからよく聞いておこうっと。

[テレビ]

女性：そうですね。関東では一般的に濃口しょうゆといって、色の濃いしょうゆを使います。関西では色の薄い薄口しょうゆが使われるんですが、色が薄いからといって味が薄いわけではなく、実は塩分は薄口しょうゆの方が多いんですよ。

男性：へえ、そうなんですか。あと、卵焼きの味付けが違いますよね。

女性：はい、そうですね。関東では卵焼きに砂糖を入れて、甘い味付けで食べますが、関西ではだしをきかせた塩味が普通です。

男性：私も初めて東京に来たときに卵焼きが甘くてびっくりしました。

女性：私の知り合いの関西の方も、甘い卵焼きなんて食べられないと言っていました。

[ソヨンの部屋]

ソヨン(ひとりごと)：私も甘い卵焼きは苦手だな…。

[テレビ]

男性：この他にどんな違いがあるでしょうか。

女性：あと、おにぎりの形やもちの形なんかも違いますよね。

男性：あ、そうですよね。

女性：はい。おにぎりは関東では三角、関西では俵型。もちは関東では四角、関西では丸です。

男性：そういえば、関東から関西に嫁いだ方が、関西ではお正月のおもちが丸型なのを見てびっくりした、という話を聞いたことがあります。

女性：そうなんですか。その他に、ウナギのさばき方の違いもよく言われますね。「江戸の背割り、京阪の腹開き」という言葉がありますが、関東ではウナギを背中から割くのに対し、関西では腹から割きます。

男性：どうしてそのような違いがあるのでしょうか。

女性：江戸は武士の町だったので、切腹を連想させる「腹から切る」という行為は、あってはならないことだったんですよ。一方、大阪は町人の町だったため、このようなことには無頓着で、手早くウナギをさばくために腹から割いたということです。

男性：もちといい、ウナギといい、関東と関西でこんなに違いがあることに、改めて驚かされました。

[ソヨンの部屋]

ソヨン(ひとりごと)：へえ。そうなんだ。

본문 해석

[텔레비전]

남성 : 간토(関東)와 간사이(関西) 지방의 차이점이라면 가장 먼저 생각나는 것은 우동 국물의 색깔이 아닐까요? 간사이 사람이 간토 지방의 우동집에 가서 국물 색이 진한 것에 깜짝 놀랐다는 얘기는 자주 듣습니다.

[소연의 방]

소연(혼잣말) : 아, 간토와 간사이의 차이에 대한 얘기다. 다음에 간사이에 갈 거니까 잘 들어야겠다.

[텔레비전]

여성 : 그렇죠. 간토에서는 일반적으로 고이쿠치(濃口) 간장이라고 해서 색이 진한 간장을 사용합니다. 간사이에서는 색이 연한 우스쿠치(薄口) 간장을 사용하는데 색이 연하다고 해서 맛이 연한 건 아니고, 사실 염분은 우스구치 간장이 더 많아요.

남성 : 아, 그렇군요. 그리고 계란말이의 간이 다르죠.

여성 : 네, 그렇습니다. 간토에서는 계란말이에 설탕을 넣어서 간을 달게 해서 먹는데 간사이에서는 가다랑어포 육수를 사용한 소금 간이 일반적입니다.

남성 : 저도 처음 도쿄에 왔을 때는 계란말이가 달아서 깜짝 놀랐습니다.

여성 : 제가 아는 간사이 분도 계란말이가 달아서 못 먹겠다고 하셨어요.

[소연의 방]

소연(혼잣말) : 나도 계란말이가 단 건 별로야….

[텔레비전]

남성 : 이 밖에도 어떤 차이가 있을까요?

여성 : 또 주먹밥의 모양이나 떡 모양 같은 것도 달라요.

남성 : 아, 그렇네요.

여성 : 네. 주먹밥은 간토 지방에서는 삼각형, 간사이에서는 원통형. 떡은 간토에서는 사각형, 간사이에서는 원형입니다.

남성 : 그러고 보니 간토에서 간사이 지방으로 시집을 간 분이 간사이에서는 설날에 떡이 원형인 걸 보고 놀랐다는 이야기를 들은 적이 있습니다.

여성 : 그렇군요. 그 외에 장어를 손질하는 방법의 차이도 자주 언급되곤 하죠. '에도는 등을 가르고 교토・오사카는 배를 가른다'는 말이 있는데, 간토 지방에서는 장어를 등쪽에서부터 가르는데 반해 간사이에서는 배부터 가릅니다.

남성 : 왜 그런 차이가 있는 걸까요?

여성 : 에도는 무사의 고장이었기 때문에 할복을 연상시키는 '배부터 가른다'는 행위는 있어서는 안 되는 일이었어요. 한편 오사카는 상인들의 고장이었기 때문에 이런 것에 개의치 않고 빠르게 장어를 손질하기 위해서 배부터 갈랐다고 합니다.

남성 : 떡도 그렇고 장어도 그렇고, 간토와 간사이 지방에 이렇게 차이가 많은 데에 새삼 놀랐습니다.

[소연의 방]

소연(혼잣말) : 와. 그렇구나.

OX 퀴즈

대화문을 다시 듣고 다음의 내용이 맞으면 O, 틀리면 X를 표시해 보세요.

① 関東(かんとう)では普通(ふつう)、「薄口(うすくち)しょうゆ」を使(つか)います。
간토에서는 보통 '우스쿠치 간장'을 사용합니다.

② 色(いろ)の濃(こ)い「濃口(こいくち)しょうゆ」の方(ほう)が、「薄口(うすくち)しょうゆ」より塩分(えんぶん)が少(すく)ないです。
색이 진한 '고이쿠치 간장'이 '우스쿠치 간장'보다 염분이 적습니다.

③ 関西(かんさい)では、おにぎりは俵型(たわらがた)で、もちは四角(しかく)いです。
간사이에서 주먹밥은 원통형이고 떡은 사각형입니다.

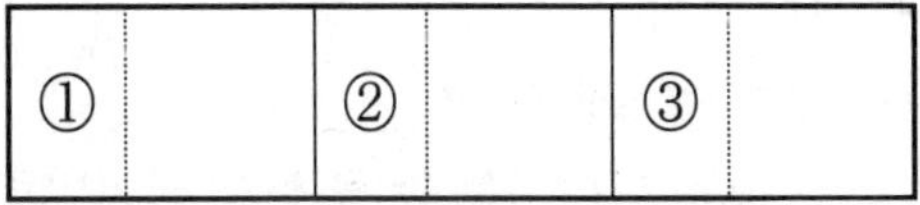

정답

듣기 연습 정답

① 卵焼きが甘いことに驚きました。
계란말이가 단 것에 놀랐습니다.

② 腹から割くことは、切腹を連想させるため、武士の街である江戸ではあってはならないことだったからです。
배부터 가르는 것은 할복을 연상시키기 때문에 무사의 고장인 에도에서는 있어서는 안 되는 일이었기 때문입니다.

문형 연습 정답

① てはならない
그는 넘어서는 안 될 선을 넘어버렸다.

② といい/といい
고기감자조림이며 된장국이며 어머니가 만드는 요리는 뭐든 맛있다.

OX 퀴즈 정답

① X
関東では一般的に、「濃口しょうゆ」を使います。
간토에서는 일반적으로 '고이쿠치 간장'을 사용합니다.

② O

③ X
関西では、もちは丸型です。
간사이에서 떡은 원형입니다.

Lesson
22

도고시긴자는 처음이야?

LAWSON
STATION
たばこ 酒 ATM
MACHI café
好きですこの街
とごしぎんざ
KALDI

학습 내용

ソヨンさんは佐藤(さとう)さんと戸越銀座商店街(とごしぎんざしょうてんがい)にやってきました。戸越銀座商店街(とごしぎんざしょうてんがい)とはどのようなところなのでしょうか。一緒(いっしょ)に戸越銀座商店街(とごしぎんざしょうてんがい)を散策(さんさく)してみましょう。

소연 씨는 사토 씨와 도고시긴자 상점가에 왔습니다. 도고시긴자 상점가는 어떤 곳일까요? 도고시긴자 상점가를 함께 산책해 봅시다.

듣기 연습

학습을 시작하기에 앞서 음성 파일을 듣고 다음 질문에 답해보세요.

① この商店街(しょうてんがい)は、なぜ戸越銀座(とごしぎんざ)という名前(なまえ)になったのですか。
이 상점가는 왜 도고시긴자라는 이름을 갖게 되었습니까?

② 戸越銀座商店街(とごしぎんざしょうてんがい)は全長(ぜんちょう)何キロメートルですか。
도고시긴자 상점가는 전체 길이가 몇 킬로미터입니까?

어휘

なんでも	(부) 확실히는 모르지만, 아마, 듣건대
にぎわい	(명) 번창, 성황
あやかる	(동) 감화되어 닮다, 행복한 사람을 닮아 자신도 행복해지다
たまらない	참을 수 없다, 더할 나위 없이 좋다
店構(みせがま)え	(명) 가게의 규모・구조
品揃(しなぞろ)え	(명) 상품 구색
銭湯(せんとう)	(명) 대중목욕탕
ちなみに	(접) 덧붙여 말하면, 참고로

주요 문형

1 ~だけあって ~인 만큼

東日本最大の商店街というだけあって、本当に長い。
동일본 최대의 상점가인 만큼 정말 길다.

동(보통형)/い형(보통형)/な형어간な/な형어간である/な형어간だった/명(である)/명だった+だけあって

- ‘AだけあってB(A인 만큼 B)’는 ‘Aにふさわしく、Bである(A에 걸맞게 B이다)’라는 의미이다.
- 높게 평가할 때 사용한다.
- ‘~だけのことはある(~라고 할 만하다)’라는 문형도 있다.

예 さすが専門店というだけのことはある。品揃えが違う。
역시 전문점이라고 할 만하다. 상품 구색이 다르다.

예문

① この店は有名なだけあって、客足が途絶えることがない。
이 가게는 유명한 만큼 손님이 끊이지 않는다.

② 香川県はうどんの本場というだけあって、うどんがおいしい。
가가와현은 우동의 본고장인 만큼 우동이 맛있다.

③ 彼は子どもの頃、日本に住んでいたというだけあって、日本語が上手だ。
그는 어릴 적에 일본에 살았던 만큼 일본어가 능숙하다.

2 ～ながら(に/の) ～채로/～그대로

店構えも、昔ながらのパン屋さんという感じだ。

가게 외관부터가 옛날 그대로의 빵집 느낌이다.

동(ます형)/명+ながら(に/の)

- 그대로의 상태라는 것을 나타낸다.
- 관용적인 표현이 많다.

예	
いつもながら	평소대로
居ながら(にして)	가만 있으면서, 아무데도 나가지 않고
生まれながら(にして)	태어났을 때부터/타고난
涙ながら	눈물을 흘리며
本番さながら	실제 상황과 똑같은

예문

① 亡き祖母への想いを涙ながらに語る。
돌아가신 할머니에 대한 추억을 눈물을 흘리면서 이야기하다.

② 人は生まれながらにして、みな平等である。
사람은 나면서부터 모두 평등하다.

③ 明日の本番に向けて、本番さながらのリハーサルが行われた。
내일의 실전을 앞두고 실전과 똑같은 리허설을 했다.

문형 연습

① 彼女は本をたくさん読んでいる(　　　　　　　)、何でもよく知っている。

② ネット環境さえあれば、家に居(　　　　　　　)にして、仕事ができる。

본문

[戸越銀座駅改札]

佐藤：ソヨンさん。こっちこっち。

ソヨン：あっ、佐藤さん！

佐藤：遠くなかった？

ソヨン：五反田から二駅だったので、すぐでした。

佐藤：そう、良かった。

[戸越銀座商店街]

佐藤：戸越銀座は初めて？

ソヨン：はい。銀座は行ったことあるんですが…。

佐藤：ああ、ここは銀座という名前がついているけど、あの有名な銀座とは違う街なんだ。

ソヨン：そうですよね。でもなんで戸越銀座っていうんですか。

佐藤：なんでも、その昔、銀座で使われていたレンガを譲り受けたことがあるらしいんだけど、銀座のにぎわいにあやかりたいと、もともとあった戸越という地名に銀座をくっつけて戸越銀座と呼ぶようになったんだって。

ソヨン：へえ。だから戸越銀座なんですね。

佐藤：実はこの戸越銀座商店街は、東日本最大の商店街なんだよ。

ソヨン：さすが、東日本最大の商店街というだけあって、本当に長いですね…。

佐藤：でしょ？全長1.3キロメートルなんだって。

[パン屋の前]

佐藤：いただきます。

ソヨン：いただきます。

佐藤：お味はどう？

ソヨン：この辛さがたまりませんね。

佐藤：店構えも、昔ながらのパン屋さんって感じでしょ。

ソヨン：はい。やっぱりこういう店がおいしいんですよね。

佐藤：戸越銀座は歴史が古いから、こういうお店がいくつもあるんだよ。

ソヨン：そうなんですか。

[金物屋の前]

ソヨン：ここは何のお店ですか。

佐藤：ここはね、金物屋さん。ありとあらゆる生活雑貨が揃っているんだ。こういうゴザとか、ひしゃくなんかも売ってるよ。

ソヨン：わあ。ものすごい品揃えですね。

[温泉の前]

ソヨン：わあ、銭湯もあるんですね。

佐藤：あっ、これは銭湯じゃなくて温泉なんだよ。

ソヨン：えっ、東京にも温泉があるんですか。

佐藤：うん。ちなみに、この温泉は黒湯なんだよ。

ソヨン：えっ、水が黒いんですか。

佐藤：うん。真っ黒。

ソヨン：うわあ。一度入ってみたい！

본문 해석

[도고시긴자역 개찰구]

사토 : 소연 씨. 여기, 여기.

소연 : 아, 사토 씨!

사토 : 멀지 않았어?

소연 : 고탄다(五反田)에서 두 번째 역이라 금방이었어요.

사토 : 그래, 다행이네.

[도고시긴자 상점가]

사토 : 도고시긴자는 처음이야?

소연 : 네. 긴자는 가본 적이 있는데….

사토 : 아, 여기는 긴자라는 이름이 붙어 있지만 그 유명한 긴자와는 다른 동네야.

소연 : 그렇죠. 그런데 왜 도고시긴자라고 하는 거예요?

사토 : 확실히는 모르겠는데, 옛날에 긴자에서 사용했던 벽돌을 물려받은 적이 있고 긴자의 번창함을 닮고 싶은 마음에서 원래 있던 도고시라는 지명에 긴자를 붙여서 도고시긴자라고 부르게 되었대.

소연 : 아. 그래서 도고시긴자군요.

사토 : 실은 이 도고시긴자 상점가는 동일본 최대의 상점가야.

소연 : 과연 동일본 최대의 상점가인 만큼 정말 길어요….

사토 : 그렇지? 전체 길이가 1.3㎞라고 해.

[빵집 앞]

사토 : 잘 먹겠습니다.

소연 : 잘 먹겠습니다.

사토 : 맛이 어때?

소연 : 이 매운맛이 더없이 좋아요.

사토 : 가게 외관부터가 옛날 그대로의 빵집 느낌이지.

소연 : 네. 역시 이런 가게가 맛이 있어요.

사토 : 도고시긴자는 역사가 오래되어서 이런 가게가 많아.

소연 : 그렇군요.

[철물점 앞]

소연 : 여기는 무슨 가게예요?

사토 : 여기는 철물점이야. 온갖 생활 잡화가 구비되어 있어. 이런 돗자리나 국자 같은 것도 팔고.

소연 : 와. 물건 종류가 엄청나네요.

[온천 앞]

소연 : 와. 대중목욕탕도 있어요.

사토 : 아, 여기는 대중목욕탕이 아니라 온천이야.

소연 : 네? 도쿄에도 온천이 있어요?

사토 : 응. 참고로 이 온천은 온천물이 검정색이야.

소연 : 아니, 온천물이 검어요?

사토 : 응. 새까매.

소연 : 와. 한번 들어가 보고 싶다!

Tip

일본의 金物屋(かなものや)(철물점)에서는 쇠로 만든 물건 외에도 일상 생활에 필요한 여러가지 물건을 판매합니다.

OX 퀴즈

대화문을 다시 듣고 다음의 내용이 맞으면 O, 틀리면 X를 표시해 보세요.

① 銀座と戸越銀座は、同じ街です。
긴자와 도고시긴자는 같은 동네입니다.

② 戸越銀座商店街は、西日本最大の商店街です。
도고시긴자 상점가는 서일본 최대의 상점가입니다.

③ 戸越銀座商店街には、温泉があります。
도고시긴자 상점가에는 온천이 있습니다.

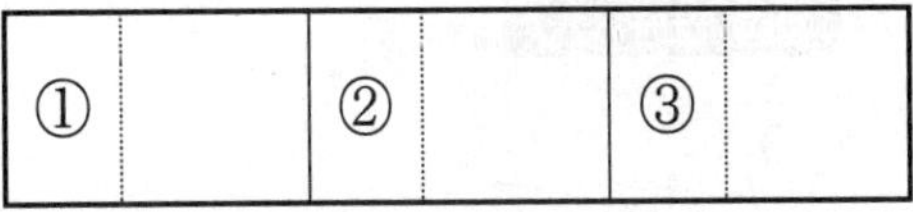

정답

듣기 연습 정답

① 銀座で使われていたレンガを譲り受けたこともあり、銀座のにぎわいにあやかりたいと、もともとあった戸越という地名に銀座をくっつけて戸越銀座と呼ぶようになりました。

긴자에서 사용했던 벽돌을 물려받은 적도 있고 긴자의 번창함을 닮고 싶은 마음에서 원래 있던 도고시라는 지명에 긴자를 붙여서 도고시긴자라고 부르게 되었습니다.

② 全長1.3キロメートルです。

전체 길이가 1.3㎞입니다.

문형 연습 정답

① だけあって

그녀는 책을 많이 읽은 만큼 무엇이든지 잘 안다.

② ながら

인터넷 환경만 된다면 집에서도 일할 수 있다.

OX 퀴즈 정답

① X

銀座という名前がついていますが、銀座とは違う街です。

긴자라는 이름이 붙어 있지만 긴자와는 다른 동네입니다.

② X

東日本最大の商店街です。

동일본 최대의 상점가입니다.

③ O

Lesson 23

이 헤어스타일로 해주세요

사진 제공 : Tanaka Rie

학습 내용

髪の毛が伸びてきたソヨンさんは日本で初めて美容院に行くことにしました。ソヨンさんはどのような髪型にしてもらいたいのか伝えることができるのでしょうか。
소연 씨는 머리가 길어져서 일본에서는 처음으로 미용실에 가기로 했습니다. 소연 씨는 어떤 헤어스타일로 하고 싶은지 잘 설명할 수 있을까요?

듣기 연습

학습을 시작하기에 앞서 음성 파일을 듣고 다음 질문에 답해보세요.

① ソヨンさんは、どのような髪型にすることにしましたか。
소연 씨는 어떤 헤어스타일로 하기로 했습니까?

② 髪の毛の量は、どのような方法で減らすことにしましたか。
머리숱은 어떤 방법으로 가볍게 하기로 했습니까?

어휘

ショートボブ　(명) 쇼트 보브

えりあし　(명) 목덜미 부분

すく　(동) 머리숱을 치다

段を入れる　레이어드를 주다

後頭部　(명) 후두부, 뒷머리 부분

ボリューム(volume)　(명) 볼륨

前髪　(명) 앞머리

流す　(동) 넘기다

■ 주요 문형

1 ～なりに/～なりの　～나름대로/～나름의

短ければ短いなりに、いろんな髪型ができる。
짧으면 짧은 대로 여러 헤어스타일이 가능하다.

동(보통형)/い형(보통형)/な형(보통형)/명+なりに/なりの

- '～에 어울리는 형태로'라는 의미이다.
- 'Aなり(に/の)'의 A는 충분하지 않다는 평가가 포함되어 있다.
- 'AはAなり(に/の)' 'AにはAなり(に/の)' 'AならAなり(に/の)'라는 형태로 사용하는 경우가 많다.

예 あなたはあなたなりに頑張ればいい。
너는 너대로 열심히 하면 된다.

예 天才には天才なりの苦労がある。
천재는 천재 나름의 고충이 있다.

예 できないなら、できないなりに頑張ればいい。
못하면 못하는 대로 노력하면 된다.

- 'それなり(그 나름)'는 'それ相応(그에 걸맞은)'라는 의미이다.

예 それなりの努力はしたつもりだ。
그 나름의 노력은 했다고 생각한다.

예문

① 時間がないなら、ないなりに努力をするべきだ。
시간이 없으면 없는 대로 노력을 해야 한다.

② 私なりに考えてみたが、大したアイデアは思い浮かばなかった。
내 나름대로 생각해 보았지만 이렇다 할 아이디어는 떠오르지 않았다.

③ 子どもには子どもなりの考えがあるのだから、否定してはいけない。
아이들에게는 아이들 나름의 생각이 있는 거니까 부정해서는 안 된다.

2 ～ものですから/～ものだから ～이기 때문에

これ以上短くしたことがないものですから…。
이것보다 더 짧게 한 적이 없어서요….

> **동(보통형)/い형(보통형)/な형어간な/な형어간だった/명な/명だった＋ものですから/ものだから**
> - 이유를 설명할 때 사용한다.
> - 변명을 할 때나 사전에 설명할 때 사용하는 경우가 많다.

예문

① A:懇親会にはいらっしゃらないのですか。

B:ええ。ちょっと用事があるものですから…。

A : 친목회에는 안 오세요?

B : 네. 볼일이 좀 있어서요….

② あまりにも暑いもんだから、アイスを三つも食べてしまった。
너무 더워서 아이스크림을 세 개나 먹어버렸다.

③ ちょっと近くまで来たものですから、一度ご挨拶にと思いまして。
근처까지 왔기 때문에 한번 인사라도 드리려고요.

문형 연습

① 方向音痴な(　　　　　　)、道に迷っちゃって…。

② 今回の試験は私(　　　　　　)頑張ったつもりだ。

본문

[美容院で]

美容師 : こんにちは。今日はどうされますか。

ソヨン : カットでお願いします。

美容師 : どのくらいお切りしましょうか。

ソヨン : 実は、ショートボブにしたいんですが、短い髪型が似合わないんじゃないかと心配で…。

美容師 : 短ければ短いなりに、いろんな髪型ができるので、そこまで心配しなくても大丈夫だと思いますよ。

ソヨン : そうですか。これ以上短くしたことがないものですから…。

美容師 : じゃあショートボブにして、えりあしを長く残す感じはどうですか。

ソヨン : えっ、そういう感じにもできるんですか。

美容師 : ええ。できますよ。

ソヨン : (カタログを指差して)じゃあ、この髪型でお願いします。

美容師 : 髪の毛の量は減らしますか。

ソヨン : はい。全体的にすいてもらいたいんですが…。

美容師 : すく代わりに、段を入れて軽くする方法もありますよ。後頭部のボリュームを出したいのであれば、段を入れるのがおすすめです。

ソヨン : じゃあ、それでお願いします。

美容師 : 前髪はどうしましょうか。

ソヨン : 前髪は横に流す感じでお願いします。

美容師 : 分かりました。ではシャンプーをしますので、シャンプー台の方にお願いします。

ソヨン : はい。

본문 해석

[미용실에서]

미용사 : 안녕하세요. 오늘은 어떻게 하시겠어요?

소연 : 커트를 하려고요.

미용사 : 어느 정도 자를까요?

소연 : 실은 쇼트 보브로 하고 싶은데, 짧은 헤어스타일이 어울리지 않을까봐 걱정이라서요….

미용사 : 짧으면 짧은 대로 여러 헤어스타일이 가능하니까, 그렇게 걱정하지 않으셔도 괜찮을 것 같아요.

소연 : 그런가요. 이것보다 더 짧게 한 적이 없어서요….

미용사 : 그럼 쇼트 보브로 하고 목덜미 부분을 길게 남기는 느낌으로 하면 어떨까요?

소연 : 어, 그런 느낌으로도 할 수 있어요?

미용사 : 네. 가능합니다.

소연 : (카탈로그를 가리키며) 그럼, 이 헤어스타일로 부탁드릴게요.

미용사 : 머리숱은 가볍게 할까요?

소연 : 네. 전체적으로 쳤으면 하는데요….

미용사 : 치는 대신에 레이어드를 줘서 가볍게 하는 방법도 있어요. 뒷부분의 볼륨을 살리고 싶으면 레이어드 주는 걸 추천합니다.

소연 : 그럼 그렇게 부탁드려요.

미용사 : 앞머리는 어떻게 할까요?

소연 : 앞머리는 옆으로 넘기는 스타일로 할게요.

미용사 : 알겠습니다. 그럼 샴푸를 해야 하니까 샴푸대 쪽으로 가실까요.

소연 : 네.

OX 퀴즈

대화문을 다시 듣고 다음의 내용이 맞으면 O, 틀리면 X를 표시해 보세요.

① ソヨンさんは短い髪型が自分に似合わないのではないかと心配しています。
소연 씨는 짧은 헤어스타일이 자신에게 어울리지 않을까봐 걱정하고 있습니다.

② 後頭部のボリュームを出したいのであれば、すくのがおすすめです。
뒷머리의 볼륨을 살리고 싶으면 머리숱을 치는 것을 추천합니다.

③ 前髪は、短く切ってもらうことにしました。
앞머리는 짧게 자르기로 했습니다.

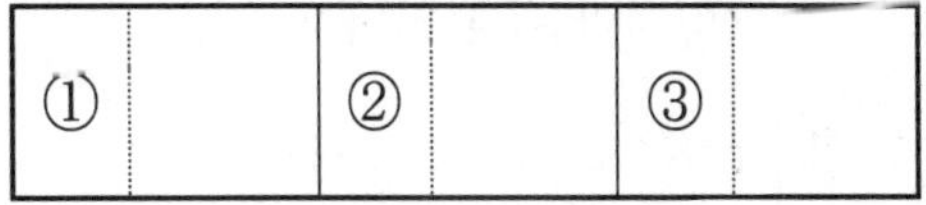

정답

듣기 연습 정답

① ショートボブでえりあしを長(なが)く残(のこ)す感(かん)じにします。

쇼트 보브로 하고 목덜미 부분을 길게 남기는 느낌으로 하기로 했습니다.

② 段(だん)を入(い)れて軽(かる)くすることにしました。

레이어드를 줘서 가볍게 하기로 했습니다.

문형 연습 정답

① もんだから

방향치라 길을 잃어서….

② なりに

이번 시험은 내 나름 분발했다고 생각한다.

OX 퀴즈 정답

① O

② X

段(だん)を入(い)れるのがおすすめです。

레이어드를 주는 것을 추천합니다.

③ X

前髪(まえがみ)は横(よこ)に流(なが)せるぐらいの長(なが)さにしてもらいます。

앞머리는 옆으로 넘길 정도의 길이로 하기로 했습니다.

좋은 질문이네요

사진 제공 : Nagata Moe

학습 내용

ソヨンさんは伊波君と通訳に関する講演を聞きに来ました。ソヨンさんは質疑応答の時間にしっかり質問をすることができるのでしょうか。

소연 씨는 이하 군과 통역에 관한 강연을 들으러 왔습니다. 소연 씨는 질의응답 시간에 제대로 질문할 수 있을까요?

듣기 연습

학습을 시작하기에 앞서 음성 파일을 듣고 다음 질문에 답해보세요.

① 母語から外国語への通訳と、外国語から母語への通訳を比べた場合、どちらが難しいですか。
모국어에서 외국어로 하는 통역과 외국어에서 모국어로 하는 통역을 비교할 경우, 어느 쪽이 어렵습니까?

② 仕事として通訳をする際、どのような部分に気をつけなければなりませんか。
직업으로 통역을 할 때 어떤 부분에 주의해야 합니까?

어휘

母語	(명) 모국어
困難	(명/な형) 곤란, 어려움
多少	(부) 다소
一概に	(부) 한 마디로, 일률적으로
挙げる	(동) (예 등을) 들다
背景	(명) 배경
熟知	(명/スル) 숙지
置き換える	(동) 바꿔 놓다, 치환하다

주요 문형

1 ~はもちろん(のこと) ~은 물론(이고)

文法(ぶんぽう)はもちろん、発音(はつおん)やアクセントを間違(まちが)えずに、外国語(がいこくご)に訳(やく)さなければならない。
문법은 물론이고 발음이나 악센트를 틀리지 않고 외국어로 통역해야 한다.

> **동(보통형)/い형(보통형)/な형어간な/な형어간である/な형어간だった/명である+のはもちろん(のこと)**
> **명+はもちろん(のこと)**
> - '~はいうまでもなく(~은 말할 것도 없이)' '~は当然(とうぜん)として(~은 당연하고)'라는 의미이다.
> - 대표적인 예를 들고, 그 이외의 예도 마찬가지라고 말할 때 사용한다.
> - '~はもとより(~은 물론)'도 거의 같은 의미로 사용할 수 있는데 약간 딱딱한 표현이다.
>
> 예 講演会(こうえんかい)は、在学生(ざいがくせい)はもとより一般(いっぱん)の方(かた)にもご参加(さんか)いただけます。
> 강연회는 재학생은 물론 일반인도 참가하실 수 있습니다.

예문

① 予習(よしゅう)はもちろん、復習(ふくしゅう)にもしっかりと時間(じかん)を割(さ)くべきだ。
예습은 물론 복습에도 확실하게 시간을 할애해야 한다.

② 専門知識(せんもんちしき)が必要(ひつよう)なのはもちろんのこと、高度(こうど)な技術力(ぎじゅつりょく)も求(もと)められる。
전문지식이 필요한 것은 물론이고 고도의 기술력도 요구된다.

③ この製品(せいひん)は品質(ひんしつ)がいいのはもちろんのこと、デザイン面(めん)でも優(すぐ)れている。
이 제품은 품질이 좋은 것은 물론이고 디자인 면에서도 뛰어나다.

2 ~うえ(で) [순서] ~한 다음에

言語のみならず、背景知識なども熟知した上で、通訳をするべきだ。
언어뿐만 아니라 배경지식 등도 숙지한 후에 통역을 해야 한다.

동(た형)/명の+うえ(で)

- 명사와 함께 사용할 경우는 'する동사'의 명사 부분이 들어간다.
- 'まず、ちゃんと~して、それから(우선 제대로 ~하고 그 다음에)' 'ちゃんと~した状態で(확실하게 ~한 상태에서)'라는 의미이다.
- 'A 다음에 B'라는 순서를 나타낼 뿐만 아니라 'A가 조건이 되어 B에 이르다'라는 의미도 있다.

예문

① よくご検討された上で、ご購入ください。
충분히 검토하신 후에 구입하십시오.

② 取扱説明書をお読みの上、ご使用ください。
취급설명서를 읽으신 후에 사용하세요.

③ ご利用に際しましては、以下の利用条件に同意の上でご利用ください。
이용하실 때는 다음 이용조건에 동의하신 후에 이용해 주십시오.

문형 연습

① そのまま食べるのは(　　　　　　)、しぼってジュースにすることもできる。

② 未成年の方は必ず保護者の同意を得た(　　　　　　)ご参加ください。

본문

[教室]

講師 : ここからは、質疑応答の時間とさせていただきます。では、そこの前から二列目の方、どうぞ。

ソヨン : 留学生のキム・ソヨンと申します。今日は大変勉強になりました。ありがとうございました。母語から外国語への通訳と、外国語から母語への通訳を比べた場合、先生はどちらが難しいとお考えですか。

講師 : いい質問ですね。母語であれば、聞き取りに大きな困難はないと思うんですが、外国語の場合は聞き取れない可能性があるので、その点では多少難しいところがあると思います。もし聞き取ることができなければ、通訳することはできなくなるからです。また母語をしっかりと聞き取れたとしても、文法はもちろん、発音やアクセントを間違えずに、外国語に訳さなければなりません。ですので、どちらが難しいかということは一概には言えないと思います。

ソヨン : ありがとうございました。

講師 : 他の方は、いかがですか。はい。ではキムさんの隣の方、どうぞ。

伊波 : 韓国語学部の伊波と申します。大変有意義なお話、ありがとうございました。私も通訳に興味があるのですが、仕事として通訳をする際、気をつけなければならない部分についてお聞かせください。

講師 : そうですね。気をつけなければならない部分はいろいろありますが、一つ挙げるとすれば、言語だけではなく、背景知識なども熟知した上で、通訳をするべきだという点があります。通訳は、ある言語を他の言語にただ置き換えているのではなく、意味を理解して伝えています。ですので、通訳をする際は、ある程度通訳する内容について知っておかなければなりません。

伊波 : ありがとうございました。

본문 해석

[교실]

강사 : 지금부터는 질의응답 시간을 갖도록 하겠습니다. 그럼 거기 앞에서 두 번째 줄에 계신 분, 질문하세요.

소연 : 유학생 김소연이라고 합니다. 오늘은 공부가 많이 되었습니다. 감사합니다. 모국어에서 외국어로 하는 통역과 외국어에서 모국어로 하는 통역을 비교할 경우, 선생님은 어느 쪽이 어렵다고 생각하세요?

강사 : 좋은 질문이네요. 모국어라면 듣기에는 크게 어려움이 없겠지만, 외국어의 경우는 알아듣지 못할 가능성이 있기 때문에 그 점에서 다소 어려울 것이라고 생각합니다. 만약 제대로 듣지 못하면 통역하는 것이 불가능해지기 때문입니다. 또한 모국어를 확실하게 들었다고 하더라도, 문법은 물론이고 발음과 악센트를 틀리지 않고 외국어로 통역해야 합니다. 그렇기 때문에 어느 쪽이 어려운가 일률적으로 말하기는 어려울 것 같습니다.

소연 : 감사합니다.

강사 : 다른 분은 질문 없으세요? 네. 그럼 김소연 씨 옆에 계신 분.

이하 : 한국어학부 이하라고 합니다. 대단히 유익한 강연 잘 들었습니다. 저도 통역에 관심이 있는데요, 직업으로 통역을 할 때 주의해야 할 부분에 대해서 말씀해 주세요.

강사 : 글쎄요. 주의해야 할 부분은 여러 가지가 있는데요, 한 가지를 든다면 언어뿐만 아니라 배경지식 등도 숙지한 후에 통역을 해야 한다는 점이 있습니다. 통역은 어떤 언어를 다른 언어로 그냥 바꾸는 것이 아니라 의미를 이해해서 전달하게 됩니다. 따라서 통역을 할 때는 통역하는 내용에 대해 어느 정도 알아 두어야 합니다.

이하 : 감사합니다.

OX 퀴즈

대화문을 다시 듣고 다음의 내용이 맞으면 O, 틀리면 X를 표시해 보세요.

① 母語(ぼご)から外国語(がいこくご)への通訳(つうやく)は、聞(き)き取(と)れない可能性(かのうせい)があるため難(むずか)しいです。
모국어에서 외국어로 하는 통역은 알아듣지 못할 가능성이 있기 때문에 어렵습니다.

② 伊波君(いはくん)とソヨンさんは、前(まえ)から二列目(にれつめ)に座(すわ)っています。
이하 군과 소연 씨는 앞에서 두 번째 줄에 앉아 있습니다.

③ 通訳(つうやく)をする際(さい)は、意味(いみ)を理解(りかい)して伝(つた)える必要(ひつよう)はありません。
통역을 할 때는 의미를 이해해서 전달할 필요는 없습니다.

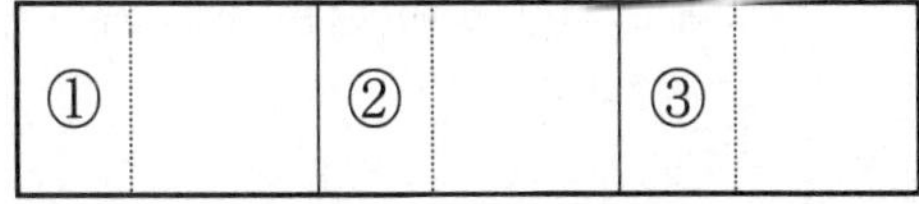

정답

듣기 연습 정답

① どちらが難しいかについては一概には言えません。

어느 쪽이 어려운가에 대해서는 일률적으로 말하기 어렵습니다.

② 言語だけではなく、背景知識なども熟知しなければなりません。

언어뿐만 아니라 배경지식 등도 숙지해야 합니다.

문형 연습 정답

① もちろんのこと

그대로 먹는 것은 물론이고, 짜서 주스로 만들 수도 있다.

② 上で

미성년자는 반드시 보호자의 동의를 얻은 후에 참가하십시오.

OX 퀴즈 정답

① X

外国語から母語への通訳は、聞き取れない可能性があるため難しいです。

외국어에서 모국어로 하는 통역은 알아듣지 못할 가능성이 있어서 어렵습니다.

② O

③ X

通訳をする際は、意味を理解して伝えなければなりません。

통역을 할 때는 의미를 이해해서 전달해야 합니다.

중국에 온 것 같아요

학습 내용

ソヨンさんは伊波君と神戸に遊びに来ました。今日は、神戸に住む伊波君のおじさんに、南京町を案内してもらいます。

소연 씨는 이하 군과 고베에 놀러 왔습니다. 오늘은 고베에 사는 이하 군의 삼촌이 난킨마치를 안내해 주시기로 했습니다.

듣기 연습

학습을 시작하기에 앞서 음성 파일을 듣고 다음 질문에 답해보세요.

① 最初に神戸に来た中国の人達はどんな仕事をしていましたか。
처음에 고베에 온 중국인들은 어떤 일을 했습니까?

② 阪神大震災の後、一般の観光客が押し寄せるようになったのはどうしてですか。
한신대지진 후에 일반 관광객이 몰려들게 된 이유는 무엇입니까?

어휘

そもそも	(명) 처음, 시작, 애초
商習慣	(명) 상거래 관습
不慣れ	(명/な형) 익숙하지 못함, 서투름
間に立つ	중재하다, 중개하다
歓楽街	(명) 환락가
一気に	(부) 단숨에, 단번에
点心	(명) 중국 요리에서 간식, 과자, 딤섬, 교자, 포자 등 만두류의 총칭
押し寄せる	(동) 몰려오다, 밀어닥치다

주요 문형

1 ～とどうじに ～와 동시에/～하자마자/～이면서

神戸港が開港すると同時に、外国人がたくさん神戸にやって来た。
고베항이 개항함과 동시에 외국인들이 많이 고베로 들어왔다.

① 동(기본형)/동(た형)/명+とどうじに
② 동(보통형)/い형(보통형)/な형어간である/명(である)+とどうじに

- ① '어떤 일이 일어나고 곧바로 다음 일이 일어난다'라는 의미이다.
- ① '～のとどうじに'라는 형태로 사용하는 경우도 있다.

예 玄関を開けるのと同時に携帯が鳴った。
현관을 여는 것과 동시에 휴대전화가 울렸다.

- ② '두 가지 사실이나 상태・동자 등이 동시에 성립하는 것'을 표현하는 경우도 있다.

예 彼はオリンピックの代表選手であると同時に平凡な会社員でもある。
그는 올림픽 대표선수이면서 평범한 회사원이기도 하다.

예문

① 発売すると同時に、売り切れた。
발매와 동시에 매진되었다.

② バスを降りると同時に大つぶの雨が降り出した。
버스에서 내리자마자 큰 빗방울이 떨어지기 시작했다.

③ デパートの開店と同時に大勢の客がセール会場へと走って行った。
백화점 개점과 동시에 많은 고객들이 세일 장소로 달려 갔다.

2 ～をきっかけに(して) ～을 계기로 (해서)

軽食を店頭で売り始めたのを<u>をきっかけに</u>、一般の観光客が押し寄せるようになった。

가볍게 먹는 음식을 가게에서 팔기 시작한 것을 계기로 일반 관광객이 몰려오게 되었다.

동(た형)の/명+をきっかけに(して)

- '～が動機となって(～가 동기가 되어)' '～が原因となって(～가 원인이 되어)'라는 의미이다.
- '우연히'라는 의미도 포함된다.
- '～がきっかけとなって(～가 계기가 되어)'라는 표현도 사용한다.

  예 このドラマがきっかけとなって、二人は結婚した。

  이 드라마가 계기가 되어 두 사람은 결혼했다.
- '～をけいきに(して)'는 같은 뜻이지만 딱딱한 표현이다.

  예 オリンピック開催を契機にプラスチックごみの問題について考えるようになった。

  올림픽 개최를 계기로 플라스틱 쓰레기 문제에 대해 생각하게 되었다.

예문

① 友達ができたのをきっかけに、中国語の勉強を始めた。
친구가 생긴 것을 계기로 중국어 공부를 시작했다.

② 事務所の移転をきっかけに、会社を辞めることにした。
사무소 이전을 계기로 회사를 그만두기로 했다.

③ 老人ホームでのボランティアをきっかけに、社会福祉に興味を持つようになった。
양로원에서의 자원봉사를 계기로 사회복지에 관심을 갖게 되었다.

문형 연습

① 大きな病気をしたの(　　　　　　　)人生について深く考えるようになった。

② 田中さんは大学卒業(　　　　　　　)結婚した。

본문

[南京町・長安門の前]

おじさん : ここが南京町の東の入口「長安門」だよ。

ソヨン : わあ、すごいですね。中国に来たみたい。

伊波 : 韓国にも中華街ってあるよね？

ソヨン : うん、仁川に有名な中華街があるよ。私も行ったことあるけど、すごく面白かった。

おじさん : 神戸の中華街は、日本の三大中華街のうちの一つなんだけど、あと二つはどこだか分かる？

ソヨン : ええっと、横浜は有名なので知ってるんですが…。あともう一つはどこかな？うーん。

伊波 : 長崎じゃない？

おじさん : そう、正解。日本では、神戸、横浜、長崎が三大中華街っていわれているんだ。

ソヨン : あのう、そもそもなんで神戸に中国の人が住み始めたんですか。

おじさん : 華僑の友達から聞いた話では、神戸港が開港すると同時に、外国人がたくさん神戸にやって来たんだって。で、その中に中国の人もいたんだけど、西洋の商習慣に不慣れだった日本人が、西洋人と貿易をする際、間に立って貿易を仲介したり、通訳をしたりしながら、徐々に定着していったそうだよ。

伊波 : へえ。じゃあ、この南京町は、その当時からずっと、今みたいな観光地だったのかな？

おじさん : いや、昔は歓楽街だった時期もあったらしいんだけど、1980年代になってから、環境が整備されて、一気に観光地化が進んだんだって。その時に、中華街を象徴するこういう門も建てられたって話だよ。

ソヨン：じゃあ、今の南京町はその時にスタートしたんですね。

おじさん：うん、途中、1995年の阪神大震災で大きな被害を受けたんだけど、テイクアウトして気軽に食べ歩きできる点心などの軽食を店頭で売り始めたのをきっかけに、一般の観光客が押し寄せるようになったんだって。

ソヨン：へえ。そうなんですか。

伊波：さあ、話はこれくらいにして、早く食べ歩きに行こうよ。お腹すいた。

본문 해석

[난킨마치(南京町)/장안문 앞]

삼촌 : 여기가 난킨마치의 동쪽 입구 '장안문'이야.

소연 : 와, 굉장하네요. 중국에 온 것 같아요.

이하 : 한국에도 차이나타운이 있지?

소연 : 응, 인천에 유명한 차이나타운이 있어. 나도 가본 적이 있는데 아주 재미있었어.

삼촌 : 고베(神戸)의 차이나타운은 일본의 3대 차이나타운 중의 하나인데, 나머지 두 곳은 어디일 것 같아?

소연 : 음, 요코하마(横浜)는 유명하니까 알고 있는데요…. 다른 한 곳은 어디일까? 음.

이하 : 나가사키(長崎) 아니에요?

삼촌 : 맞아, 정답이야. 일본에서는 고베, 요코하마, 나가사키가 3대 차이나타운이라고 불리고 있어.

소연 : 저, 애초에 왜 고베에 중국인들이 살기 시작했어요?

삼촌 : 화교 친구에게 들은 얘기로는 고베항이 개항함과 동시에 외국인들이 고베로 많이 왔대. 그 중에 중국인도 있었는데, 서양 상거래 관습에 익숙치 않았던 일본인이 서양인과 무역을 할 때, 중간에서 무역을 중개하거나 통역을 하면서 차츰 정착했다는 것 같아.

이하 : 아. 그럼 이 난킨마치는 그 당시부터 줄곧 지금 같은 관광지였을까요?

삼촌 : 아니, 옛날에는 환락가였던 시기도 있었던 것 같은데 1980년대에 들어서 환경이 정비되고 급속도로 관광지화가 진행되었다네. 그때 차이나타운을 상징하는 이런 문도 세워졌다는 얘기야.

소연 : 그럼, 지금의 난킨마치는 그때 시작한 거네요.

삼촌 : 응. 중간에, 1995년 고베 대지진으로 큰 피해를 입었지만, 테이크아웃 해서 걸어다니면서 가볍게 먹을 수 있는 딤섬 같은 음식을 가게에서 팔기 시작한 걸 계기로 일반 관광객들이 몰려들게 되었대.

소연 : 아. 그렇군요.

이하 : 그럼, 이야기는 이 정도로 하고 빨리 먹으러 가요. 배고프다.

OX 퀴즈

대화문을 다시 듣고 다음의 내용이 맞으면 O, 틀리면 X를 표시해 보세요.

① 日本の三大中華街として有名なのは、神戸、横浜、川崎です。
일본의 3대 차이나타운으로 유명한 곳은 고베, 요코하마, 가와사키입니다.

② 南京町は、神戸港が開港した当時から観光地でした。
난킨마치는 고베항이 개항했던 당시부터 관광지였습니다.

③ 観光地化するとともに、「長安門」のような門も建てられました。
관광지화와 함께 '장안문' 같은 문도 세워졌습니다.

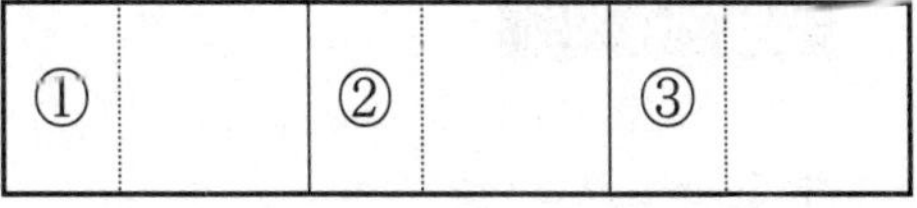

정답

듣기 연습 정답

① 西洋人と貿易をする際、間に立って貿易を仲介したり、通訳をしたりしました。

서양인과 무역을 할 때, 중간에서 무역을 중개하거나 통역을 했습니다.

② テイクアウトして気軽に食べ歩きできる点心などの軽食を店頭で売り始めたからです。

테이크아웃 해서 걸어다니면서 가볍게 먹을 수 있는 딤섬 같은 음식을 가게에서 팔기 시작했기 때문입니다.

문형 연습 정답

① をきっかけに

큰 병을 앓은 것을 계기로 인생에 대해 깊이 생각하게 되었다.

② とどうじに

다나카 씨는 대학졸업과 동시에 결혼했다.

OX 퀴즈 정답

① X

日本の三大中華街として有名なのは、神戸、横浜、長崎です。

일본의 3대 차이나타운으로 유명한 곳은 고베, 요코하마, 나가사키입니다.

② X

1980年代になってから、観光地化が進みました。

1980년대에 들어서 관광지화가 진행되었습니다.

③ O

난킨마치는 뭐가 유명해?

학습 내용

ソヨンさんたち三人(さんにん)は昼(ひる)ごはんにラーメンを食(た)べた後(あと)、南京町(なんきんまち)の真(ま)ん中(なか)にある広場(ひろば)にやって来(き)ました。三人(さんにん)はこれから一体何(いったいなに)をするのでしょうか。

소연 씨 일행 세 사람은 점심으로 라멘을 먹은 후, 난킨마치의 중앙에 있는 광장에 왔습니다. 세 사람은 이제부터 과연 무엇을 할까요?

듣기 연습

학습을 시작하기에 앞서 음성 파일을 듣고 다음 질문에 답해보세요.

① おじさんは、どうして昼(ひる)ごはんにラーメンを選(えら)んだのでしょうか。
삼촌은 왜 점심으로 라멘을 선택했습니까?

② ソヨンさんたちは、南京町(なんきんまち)でどのように移動(いどう)しましたか。
소연 씨 일행은 난킨마치에서 어떤 순서로 이동했습니까?

어휘

あれこれ	(부/대) 이것저것, 여러 가지
豚(ぶた)まん	(명) 고기만두
物足(ものた)りない	뭔가 아쉽다
醸(かも)し出(だ)す	(동) 빚어내다, 자아내다
うるさい	(い형) 까다롭다
早速(さっそく)	(부) 곧, 즉시, 당장
甲乙(こうおつ)	(명) 갑을, 우열
腹(はら)ごなし	(명) 소화를 도움

주요 문형

1 ～とあいまって/～があいまって ～와 어우러져/～가 맞물려

スープのコクとあいまって絶妙(ぜつみょう)な味(あじ)を醸(かも)し出(だ)す。
국물의 감칠맛과 어우러져서 절묘한 맛을 자아내다.

명+とあいまって
- '다른 요소와 서로 영향을 미쳐'라는 의미이다.
- 문어체에서 사용하는 경우가 많다.

예문

① 情報通信技術(じょうほうつうしんぎじゅつ)の発達(はったつ)とあいまって、経済(けいざい)や社会(しゃかい)のグローバル化(か)が急速(きゅうそく)に進展(しんてん)している。
정보통신기술의 발달과 맞물려 경제와 사회의 글로벌화가 급속하게 진전되고 있다.

② 先生方(せんせいがた)の熱心(ねっしん)な指導(しどう)と学生(がくせい)たちの頑張(がんば)りがあいまって、ついに優勝(ゆうしょう)を手(て)にすることができた。
선생님들의 열성적인 지도와 학생들의 노력이 맞물려 마침내 우승을 차지할 수 있었다.

③ オレンジの皮(かわ)の苦(にが)みとチョコレートの甘(あま)さがあいまって、上品(じょうひん)な味(あじ)わいのお菓子(かし)ができあがった。
오렌지 껍질의 떫은 맛와 초콜릿의 달콤함이 어우러져 고급스러운 맛의 과자가 완성되었다.

2 ～がたい　~하기 어렵다/~하기 힘들다

全部おいしかったから、甲乙付けがたいな。
전부 맛있어서 우열을 가리기가 어렵네.

동(ます형)+がたい

- '~するのがとても難しい(~하는 것이 대단히 어렵다)'라는 의미이다.
- 사실은 그렇게 하고 싶은 마음이 있지만 심정적으로 할 수 없는 경우에 사용한다.
- '想像する(상상하다)' '信じる(믿다)' '理解する(이해하다)' '言う(말하다)' 같은 동사에 붙는 경우가 많다.

예	
受け入れ難い現実	받아들이기 어려운 현실
得難い経験	귀중한 경험
抑え難い衝動	억제하기 힘든 충동
堪え難い屈辱	견디기 힘든 굴욕
近寄り難い先輩	가까이하기 어려운 선배
何物にも代え難い喜び	무엇과도 바꿀 수 없는 기쁨
許し難い行為	용서하기 힘든 행위
忘れ難い思い出	잊혀지지 않는 추억

예문

① 彼女の感覚はちょっと理解し難い。
그녀의 감각은 약간 이해하기 어렵다.

② その料理は何とも言い難い味がした。
그 요리는 뭐라고 말하기 어려운 맛이 났다.

③ あの部長がすんなり受け入れたとは、にわかに信じ難い。
그 부장이 순순히 받아들였다고는 쉽게 믿기 힘들다.

문형 연습

① 急速な高齢化(　　　　　　)、高齢者のがん患者が増加している。

② 穏やかな外見からは想像し(　　　　　　)激しさを持ち合わせている。

본문

[南京町・広場]

ソヨン : ああ、ラーメンおいしかった。でもまだちょっと食べ足りないかな。

伊波 : そうだね。店先でいろんな物を売ってるから、あれこれ食べてみようよ。

ソヨン : 南京町って何が有名なのかな。

伊波 : えっと、豚まんに、コロッケ、シュークリームなんかが有名かな。

ソヨン : わあ、全部食べたい。

おじさん : お待たせ、お待たせ。

伊波 : おじさん、さっきのラーメンじゃ、ちょっと物足りないねって話してたんだけど…。

おじさん : ああ、食べ歩きするために、わざとラーメンにしたんだよ。ラーメンはどうだった？

ソヨン : 普通のラーメンと違って、麺が細くてかたい感じがしたんですが、それがスープのコクとあいまって絶妙な味を醸し出してました。

伊波 : なんだか専門家みたいなコメントだね。

ソヨン : グルメリポーターのまねしてみたんだ。

おじさん : ははは。じゃあ、まずは味にうるさいソヨンさんを豚まん屋に連れて行くとするか。この広場が南京町のちょうど真ん中なんだけどさ、ここからさっきの長安門の反対側にある西安門に行くまでに有名な店がいくつかあるから、早速行ってみよう。

[南京町・西安門の前]

ソヨン : ああ、おいしかった。伊波君はどれが一番おいしかった？

伊波 : そうだな。豚まんもコロッケもシュークリームも、全部おいしかったから、甲乙付けがたいな。

ソヨン : 確かに。どれもおいしかったよね。おじさん、もう私、お腹いっぱいです。

おじさん : ええ、まだ食べてもらいたいものがあるんだけどな。

伊波 : えっ。そうなの？もう無理だよ。

おじさん : じゃあ、ちょっとショッピングでもして、腹ごなしをしてから、また来るとするか。

ソヨン : はい。そうしましょう。

본문 해석

[난킨마치(南京町)/광장]

소연 : 아아, 라멘 맛있었다. 근데 아직 배가 약간 덜 부른 것도 같고.

이하 : 그러게. 가게 앞에서 여러 가지 팔고 있으니까 이것저것 먹어보자.

소연 : 난킨마치는 뭐가 유명할까?

이하 : 응, 고기만두에 크로켓, 슈크림 같은 게 유명해.

소연 : 와, 전부 먹고 싶다.

삼촌 : 기다리게 해서 미안해.

이하 : 삼촌, 아까 라멘으로는 좀 아쉽다는 얘기를 하고 있었어요….

삼촌 : 그렇지. 다른 것도 먹어 보기 위해서 일부러 라멘으로 한 거야. 라멘은 어땠어?

소연 : 일반 라멘이랑 다르게 면이 가늘고 꼬들한 느낌이었는데요, 그게 국물의 감칠맛과 어우러져서 절묘한 맛을 내던데요.

이하 : 마치 전문가 같은 평이네.

소연 : 먹방 리포터 흉내를 내 봤어.

삼촌 : 하하하. 그럼 우선 맛에 까다로운 소연이를 고기만두집으로 데려가볼까. 이 광장이 난킨마치의 정중앙인데, 여기서부터 아까 장안문(長安門)의 반대쪽에 있는 서안문(西安門)까지 유명한 가게가 여러 군데 있으니까 바로 가보자.

[난킨마치/서안문 앞]

소연 : 정말 맛있었어. 이하 군은 어떤 것이 제일 맛있었어?

이하 : 글쎄. 고기만두도 크로켓도 슈크림도 전부 맛있어서 우열을 가리기가 어렵네.

소연 : 정말 그래. 다 맛있었어. 삼촌, 이제 배불러요.

삼촌 : 어, 아직 먹어야 할 게 있는데.

이하 : 아, 그래요? 이제 못 먹겠어요.

삼촌 : 그럼 잠깐 쇼핑이라도 하면서 소화를 시키고 나서 다시 올까?

소연 : 네. 그렇게 해요.

OX 퀴즈

대화문을 다시 듣고 다음의 내용이 맞으면 O, 틀리면 X를 표시해 보세요.

① ソヨンさんは、ラーメンを食べてお腹いっぱいになりました。
소연 씨는 라멘을 먹고 나니 배가 불렀습니다.

② ソヨンさんたちが食べたラーメンは、普通のラーメンより麺が細かったです。
소연 씨 일행이 먹은 라멘은 보통 라멘보다 면이 가늘었습니다.

③ 伊波君は、「豚まんが一番おいしかった」と言いました。
이하 군은 "고기만두가 제일 맛있었어"라고 말했습니다.

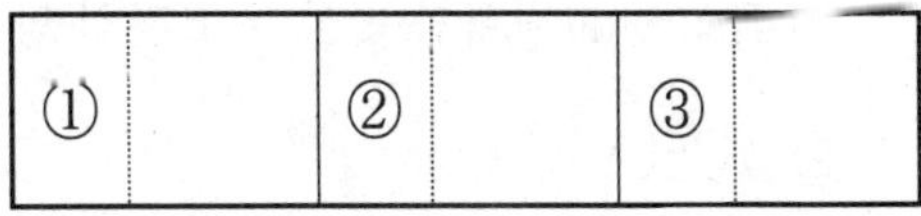

정답

듣기 연습 정답

① 食べ歩きができるようにと、わざとラーメンを選びました。
다른 것도 먹어 보기 위해서 일부러 라멘을 선택했습니다.

② 長安門、広場、西安門の順番で移動しました。
장안문, 광장, 서안문 순서로 이동했습니다.

문형 연습 정답

① とあいまって
급속한 고령화와 맞물려 고령의 암 환자가 증가하고 있다.

② がたい
온후한 겉모습으로는 상상하기 어려운 과격함을 함께 지니고 있다.

OX 퀴즈 정답

① X

ラーメンだけでは、ちょっと物足りなかったです。
라멘만으로는 조금 모자랐습니다.

② O

③ X

伊波君は、「どれもおいしかった」と言いました 。
이하 군은 "전부 맛있었어"라고 말했습니다.

Lesson 27

역사적인 가치가 있어

사진 제공 : Moriguchi Sonoko

사진 제공 : 김진화

학습 내용

ソヨンさんと伊波君は、今回の旅行で行けなかった京都の金閣寺と銀閣寺についての講義を聞いています。
소연 씨와 이하 군은 이번 여행에서 가지 못한 교토의 금각사와 은각사에 대한 강의를 듣고 있습니다.

듣기 연습

학습을 시작하기에 앞서 음성 파일을 듣고 다음 질문에 답해보세요.

① 第三代将軍である足利義満は金閣寺をどのような目的で作りましたか。
3대 장군인 아시카가 요시미츠는 금각사를 어떤 목적으로 만들었습니까?

② 書院造りとはどのようなものですか。
쇼인즈쿠리는 어떤 것입니까?

어휘

公家(くげ)	(명) 조정에 출사하는 사람, 궁정귀족
武家(ぶけ)	(명) 무가
融合(ゆうごう)	(명) 융합
色濃(いろこ)い	(い형) 어떤 경향이 강한 것
混(ま)ざり合(あ)う	(동) 혼합되다, 섞이다
気概(きがい)	(명) 기개
洗練(せんれん)	(명/スル) 세련
気品(きひん)がある	기품이 있다

주요 문형

1 ~といわんばかりに/~といわんばかりの

마치 ~라고 말하려는 듯이/마치 ~라고 말하려는 듯한

「どうだ！」といわんばかりの、武家の気概が感じられる。
'잘 봐라!' 고 말하는 듯한 무가의 기개가 느껴진다.

문장/명+といわんばかり(に/の)

- '今にも～とでも言いそうな態度や様子で(당장이라도 ~라고 말할 것 같은 태도나 모습으로)'라는 의미이다.
- 문어체로 사용하는 경우가 많다.

예문

① 彼はここぞといわんばかりに反対意見を主張し始めた。
그는 이때다 싶은 듯이 반대의견을 주장하기 시작했다.

② 「行かないで」といわんばかりの飼い犬の鳴き声に胸がしめつけられた。
기르던 개가 가지 말라고 애원하듯이 짖는 소리에 가슴이 미어졌다.

③ その男は邪魔だとでもいわんばかりの態度で私の前に立ちはだかった。
그 남자는 비키라고 말하는 듯한 태도로 내 앞을 막아섰다.

2 ~をもとにした/~をもとに(して) ~을 바탕으로 한/~을 바탕으로 (해서)

東山文化は北山文化をもとにした文化である。
히가시야마 문화는 기타야마 문화를 바탕으로 한 문화이다.

명+をもとにした+명
명+をもとに(して)

- '~を材料にした/~を材料にして(~을 재료로 한/~을 재료로 해서)' '~を基礎にした/~を基礎にして(~을 기초로 한/~을 기초로 해서)'라는 의미이다.
- '~をもとにして(~을 바탕으로 해서)'의 경우는 '書く(쓰다)' '話す(말하다)' '作る(만들다)' 등의 동사와 같이 사용하는 경우가 많다.

예문

① このドラマは実話をもとにして作られました。
이 드라마는 실화를 바탕으로 해서 만들어졌습니다.

② アンケート調査の結果をもとに、レポートを書く。
설문조사 결과를 바탕으로 보고서를 작성하다.

③ 受講者の意見をもとに、授業の進め方を決める。
수강생의 의견을 바탕으로 수업의 진행 방법을 결정하다.

문형 연습

① そのオーディションでは、投票(　　　　　　　　)11人のメンバーが選ばれた。

② 学生たちは「早く終われ」(　　　　　　　　)の表情で座っていた。

본문

[講義室]

講師 : 本日は、北山文化を代表する金閣寺と東山文化を代表する銀閣寺についてお話ししたいと思います。

まずは、北山文化を代表する金閣寺から見ていきましょう。北山文化というのは、それまでの公家の文化と武家の文化が融合したものです。ですから、金閣寺には文化の融合という特徴が色濃くあらわれています。

ソヨン : 金閣寺も銀閣寺も、まだ行ったことないんだよね。

伊波 : 一度行ってみるといいよ。

講師 : 金閣寺は室町幕府第三代将軍である足利義満によって建てられました。金閣は、三層からなっており、下層は公家の寝殿造り、中層は武家の住宅様式、上層は中国から伝わった仏教の建築様式となっています。つまりこの三つの建築様式が混ざり合ってできたわけです。また足利義満は金閣寺を外交や社交の場にしようと考えていたため、どんな客人にも対応できるよう、このような三層構造にしたといわれています。また、武家の権力をアピールするために外壁に金箔を貼り付けました。「どうだ！」といわんばかりの、武家の気概が感じられますよね。

伊波 : 公家が下層で、武家が上層っていうのもさ、面白いよね。

ソヨン : そうだね。

講師 : 次に、東山文化を代表する銀閣寺について見ていきたいと思います。東山文化は北山文化をもとにした文化なのですが、北山文化よりもさらに洗練された、簡素で気品のある文化です。この文化を代表するのが銀閣寺であるといえます。

銀閣寺は室町幕府第八代将軍である足利義政によって建てられました。金閣寺とは異なり、義政が一人静かに過ごすためのプライベートな空間として作られたといわれています。銀閣は二層構造になっていて、下層は書院造り、上層は中国から伝わった仏教の建築様式となっています。書院造りは、ふすま、障子などを用い、床の間などを設けます。この書院造りが現在の日本の住宅建築の原型であるといわれています。

伊波： 実は、金閣寺はさ、1955年に再建されたんだよ。一度放火で焼失しちゃったんだ。

ソヨン： えっ、そうなの？

伊波： だから銀閣寺の方が、歴史的な価値があるんだ。

ソヨン： へえ。そうなんだ。

본문 해석

[강의실]

강사 : 오늘은 기타야마(北山) 문화를 대표하는 금각사(金閣寺)와 히가시야마(東山) 문화를 대표하는 은각사(銀閣寺)에 대해서 말씀드리기로 하겠습니다. 우선 기타야마 문화를 대표하는 금각사부터 보기로 하죠. 기타야마 문화라는 것은 그때까지의 귀족 문화와 무가(武家)의 문화가 융합된 것입니다. 그러니까 금각사에는 문화의 융합이라는 특징이 강하게 드러납니다.

소연 : 금각사도 은각사도 아직 가본 적이 없네.

이하 : 한번 가봐.

강사 : 금각사는 무로마치 막부(室町幕府)의 3대 장군인 아시카가 요시미츠(足利義満)에 의해 세워졌습니다. 금각(金閣)은 3층으로 되어 있는데 1층은 귀족주택의 건축 양식인 신덴즈쿠리(寝殿造り), 2층은 무가(武家)의 주택 양식, 3층은 중국에서 전래된 불교의 건축 양식으로 되어 있습니다. 다시 말해 이 세 가지 건축 양식이 섞여서 완성되었다는 것입니다. 또한 아시카가 요시미츠는 금각사를 외교의 사교의 장으로 사용하려 했기 때문에 어떤 손님에게도 대응할 수 있도록 이러한 3층 구조로 만들었다고 합니다. 또한 무가의 권력을 과시하기 위해 외벽에 금박을 붙였습니다. 위세 등등한 무가의 기개가 느껴지죠.

이하 : 귀족가가 1층이고 무가가 2층이라는 것도 재미있네.

소연 : 그러게.

강사 : 다음에는 히가시야마 문화를 대표하는 은각사를 보기로 하겠습니다. 히가시야마 문화는 기타야마 문화를 바탕으로 한 문화인데, 기타야마 문화보다 더 세련되고 간소하고 기품 있는 문화입니다. 이 문화를 대표하는 것이 은각사라고 할 수 있습니다. 은각사는 무로마치 막부의 8대 장군인 아시카가 요시마사(足利義政)에 의해 세워졌습니다. 금각사와는 달리 요시마사가 홀로 조용히 지내기 위한 사적인 공간으로 만들었다고 합니다. 은각은 2층 구조로 되어 있으며 아래층은 쇼인즈쿠리(書院造り), 위층은 중국에서 전래된 불교의 건축양식으로 되어 있습니다. 쇼인즈쿠리는 후스마(ふすま), 쇼지(障子) 등을 사용하여 도코노마(床の間)를 갖춥니다. 이 쇼인즈쿠리가 현재 일본 주택건축의 원형이라고 합니다.

이하 : 실은 금각사는 1955년에 재건되었어. 방화로 한번 소실되었거든.

소연 : 어, 그래?

이하 : 그러니까 은각사가 역사적인 가치는 더 있지.

소연 : 아, 그렇구나.

OX 퀴즈

대화문을 다시 듣고 다음의 내용이 맞으면 O, 틀리면 X를 표시해 보세요.

① 北山文化は、公家の文化と武家の文化が融合したものです。
기타야마 문화는 귀족 문화와 무가의 문화가 융합된 것입니다.

② 金閣の上層は、仏教の建築様式になっています。
금각의 3층은 불교의 건축양식으로 되어 있습니다.

③ 銀閣寺は、1955年に再建されました。
은각사는 1955년에 재건되었습니다.

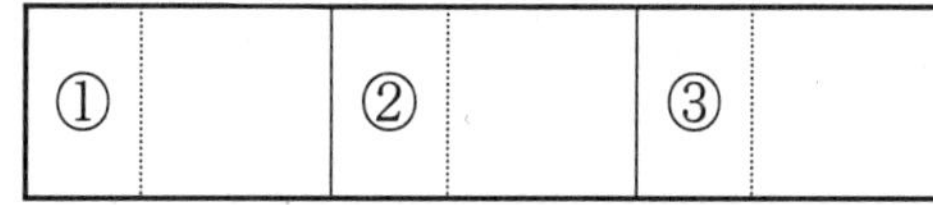

보충 설명

床の間(도코노마)

사진 제공 : 박미경

ふすま(후스마)

정답

듣기 연습 정답

① 外交や社交の場とするために作りました。
외교와 사교의 장으로 사용하기 위해 만들었습니다.

② 書院造りとは、ふすま、障子などを用い、床の間などを設けたもので、現在の日本の住宅建築の原型であるといわれています。
쇼인즈쿠리는 후스마, 쇼지 등을 사용하여 도코노마 등을 갖춘 것으로, 현재 일본 주택 건축의 원형이라고 합니다.

문형 연습 정답

① をもとに
그 오디션에서는 투표를 바탕으로 11명의 멤버가 뽑혔다.

② といわんばかり
학생들은 빨리 끝났으면 좋겠다는 표정으로 앉아 있었다.

OX 퀴즈 정답

① O

② O

③ X
金閣寺が、1955年に再建されました。
금각사가 1955년에 재건되었습니다.

아직 연습 중이야

사진 제공 : Cao Wenkai

학습 내용

ソヨンさんは、けん玉サークルに入っている伊波君にけん玉の遊び方を教わっています。ソヨンさんはけん玉をマスターすることができるでしょうか。
소연 씨는 켄다마 동아리에 소속되어 있는 이하 군에게 켄다마의 놀이 방법을 배우고 있습니다. 소연 씨는 켄다마를 마스터할 수 있을까요?

듣기 연습

학습을 시작하기에 앞서 음성 파일을 듣고 다음 질문에 답해보세요.

① けん玉はどこの国で発祥しましたか。また日本にはいつ伝わりましたか。
켄다마는 어느 나라에서 생겨난 놀이입니까? 또 일본에는 언제 전래되었습니까?

② けん先を玉の穴に入れる技を何といいますか。
켄사키를 공의 구멍에 꽂는 기술을 뭐라고 합니까?

어휘

発祥(はっしょう)	(명/スル) 발상
わりと	(부) 비교적, 상당히
やや	(부) 약간, 다소
難易度(なんいど)	(명) 난이도
技(わざ)	(명) 기술
コツ	(명) 요령
ぶつかる	(동) 부딪치다
あざ	(명) 멍

주요 문형

1 ~にしては ~치고는

初(はじ)めて<u>にしては</u>上手(じょうず)なんじゃない？
처음치고는 잘 하는 거 아니야?

동(보통형)/い형(보통형)/な형어간である/명(である)+にしては

- 'Aにしては(A치고는)'는 A라는 사실로부터 당연히 생각할 수 있는 내용과 다를 때 사용한다.

예문

① 急(いそ)いで作(つく)ったにしては、よくできている。
급하게 만든 것 치고는 잘 만들었나.

② 勉強(べんきょう)しなかったにしては、いい点(てん)が取(と)れた。
공부를 하지 않은 것 치고는 좋은 점수를 받았다.

③ 子(こ)どもにしては、難(むずか)しい言葉(ことば)をよく知(し)っている。
아이치고는 어려운 말을 잘 알고 있다.

2 ～だらけ ～투성이

けん先が腕にぶつかってあざだらけになる。
켄사키가 팔에 부딪혀서 멍투성이가 되다.

명+だらけ

- '그것이 너무 많은 상태'라는 의미이다.
- 부정적인 의미로 사용한다.

예	
傷だらけ	상처투성이
欠点だらけ	결점투성이
知らないことだらけ	모르는 것투성이
シワだらけ	주름투성이
血だらけ	피투성이
不思議なことだらけ	이상한 것투성이
間違いだらけ	잘못투성이
矛盾だらけ	모순투성이
分からないことだらけ	모르는 것투성이

예문

① 子どもたちは、泥だらけになって遊んでいた。
아이들은 흙투성이가 되어 놀고 있었다.

② 部屋はゴミだらけで、足の踏み場もなかった。
방에는 쓰레기가 가득해서 발 디딜 틈도 없었다.

③ 事業に失敗し、借金だらけになってしまった。
사업에 실패해서 빚투성이가 되어 버렸다.

문형 연습

① バスケットボールの選手（　　　　　　）、背が低い。

② 娘は歯みがきが嫌いなので、虫歯（　　　　　　）だ。

본문

[公園]

伊波 : けん玉っていうのは、中国発祥なんだって。日本には江戸時代に伝わったらしい。

ソヨン : へえ、そうなんだ。

伊波 : この大きいのが、大皿。大皿だったら、わりと乗せやすいと思うよ。

ソヨン : やってみるね。

伊波 : おっ、初めてにしては上手なんじゃない？

ソヨン : そうかな？

伊波 : じゃあ、次は小皿だね。小皿は大皿よりやや小さいんだ。

ソヨン : ほんとだ。同じ大きさかと思いきや、ちょっと小さいんだね。

伊波 : そしてこっちが真ん中にあるから中皿。

ソヨン : へえ。中皿ね。

伊波 : あとはけんに玉をいれるっていうのもあるんだけど、ちょっと難易度が上がるんだよね。

ソヨン : うーん。皿に乗せるよりさらに難しそうだよね。

伊波 : 他には、けんを回転させて、けん先を玉の穴に入れる飛行機っていう技とかもあるんだよ。まあ、ちょっと練習が必要だとは思うけど…。

ソヨン : いたっ…。

伊波 : 大丈夫？コツがつかめるまでは気をつけた方がいいよ。じゃないと、けん先が腕にぶつかってあざだらけになるから。

ソヨン : 伊波君はできるの？

伊波 : いや、それがまだ練習中なんだよね。

본문 해석

[공원]

이하 : 켄다마라는 건 중국에서 생겨난 놀이인데 일본에는 에도시대에 전해졌다는 것 같아.

소연 : 아, 그렇구나.

이하 : 여기 큰 게 오자라(大皿)야. 오자라면 비교적 올리기 쉬울 거야.

소연 : 해볼게.

이하 : 와, 처음치고는 잘 하는 거 아니야?

소연 : 그런가?

이하 : 그럼 다음은 고자라(小皿)야. 고자라는 오자라보다 약간 작아.

소연 : 정말이네. 크기가 같은 줄 알았더니 약간 작네.

이하 : 그리고 이게 가운데 있으니까 츄자라(中皿).

소연 : 어. 이게 츄자라구나.

이하 : 그리고 켄(剣)에 공을 넣는 것도 있는데 난이도가 조금 높아져.

소연 : 음. 사라(皿)에 올리는 것보다 더 어려울 것 같네.

이하 : 이거 말고도 켄을 회전시켜서 켄사키(剣先)를 공의 구멍에 꽂는 비행기라는 기술도 있어. 연습이 좀 필요하겠지만….

소연 : 아얏….

이하 : 괜찮아? 요령이 생길 때까지는 조심하는 편이 좋아. 그렇지 않으면 켄사키가 팔에 부딪혀서 멍투성이가 되니까.

소연 : 이하 군은 할 수 있어?

이하 : 아니, 그게 아직 연습 중이야.

Tip

켄(剣)은 공을 제외한 부분을, 켄사키(剣先)는 뾰족한 부분을 말합니다.
사라(皿)에는 오자라(大皿), 고자라(小皿), 츄자라(中皿)의 3가지가 있습니다.

OX 퀴즈

대화문을 다시 듣고 다음의 내용이 맞으면 O, 틀리면 X를 표시해 보세요.

① 伊波君は、ソヨンさんが初心者にしては上手だとほめました。
이하 군은 소연 씨가 초보자치고는 잘한다고 칭찬했습니다.

② 玉を皿に乗せる方が、けんを玉に入れるよりも難しいです。
공을 사라에 올리는 것이 켄을 공에 넣는 것보다 어렵습니다.

③ 伊波君は飛行機という技もできます。
이하 군은 비행기라는 기술도 할 수 있습니다.

①		②		③	

정답

듣기 연습 정답

① 中国で発祥し、日本には江戸時代に伝わりました。
중국에서 생겨났으며 일본에는 에도시대에 전래되었습니다.

② 飛行機といいます。
비행기라고 합니다.

문형 연습 정답

① にしては
농구 선수치고는 키가 작다.

② だらけ
딸아이는 양치질을 싫어해서 충치가 많다.

OX 퀴즈 정답

① O

伊波君は、ソヨンさんが初めてにしては上手だとほめました。
이하 군은 소연 씨가 처음치고는 잘한다고 칭찬했습니다.

② X

けんを玉に入れる方が、玉を皿に乗せるよりも難しいです。
켄을 공에 넣는 것이 공을 사라에 올리는 것보다 어렵습니다.

③ X

飛行機という技は、伊波君もまだ練習中です。
비행기라는 기술은 이하 군도 아직 연습 중입니다.

Lesson

29

한번 읽어볼까

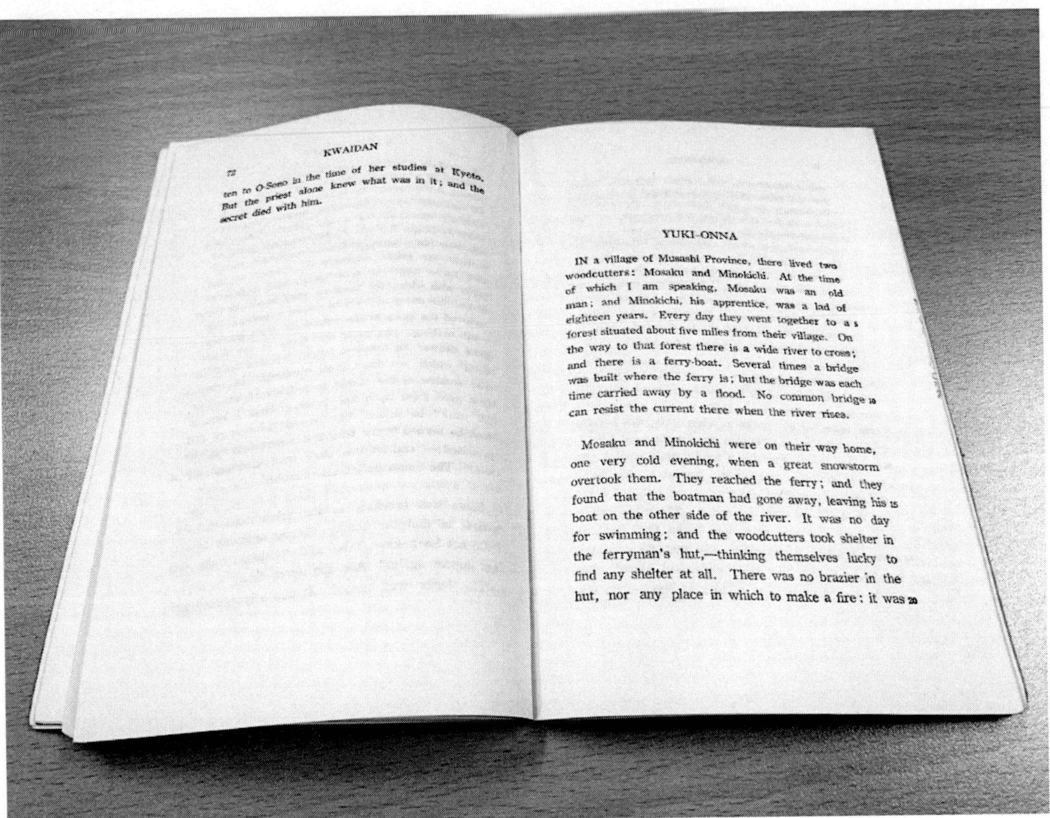

KWAIDAN

72

ten to O-Sono in the time of her studies at Kyôto. But the priest alone knew what was in it; and the secret died with him.

YUKI-ONNA

IN a village of Musashi Province, there lived two woodcutters: Mosaku and Minokichi. At the time of which I am speaking, Mosaku was an old man; and Minokichi, his apprentice, was a lad of eighteen years. Every day they went together to a forest situated about five miles from their village. On the way to that forest there is a wide river to cross; and there is a ferry-boat. Several times a bridge was built where the ferry is; but the bridge was each time carried away by a flood. No common bridge can resist the current there when the river rises.

Mosaku and Minokichi were on their way home, one very cold evening, when a great snowstorm overtook them. They reached the ferry; and they found that the boatman had gone away, leaving his boat on the other side of the river. It was no day for swimming; and the woodcutters took shelter in the ferryman's hut,—thinking themselves lucky to find any shelter at all. There was no brazier in the hut, nor any place in which to make a fire: it was

사진 제공 : Cao Wenkai

학습 내용

ソヨンさんと伊波君が、文学の授業を聞いています。今日の授業の内容は怪談についてです。いったいどんな内容なのでしょうか。

소연 씨와 이하 군이 문학 수업을 듣고 있습니다. 오늘의 수업은 괴담에 대한 내용입니다. 대체 어떤 내용일까요?

듣기 연습

학습을 시작하기에 앞서 음성 파일을 듣고 다음 질문에 답해보세요.

① ラフカディオ・ハーンはいつ来日しましたか。
라프카디오 헌은 언제 일본에 왔습니까?

② 当時の日本の人々は、怪談のことをどう考えていましたか。
당시 일본 사람들은 괴담을 어떻게 생각하고 있었습니까?

어휘

~こと	(명) 즉, 곧
身の回り	(명) 신변의 일
世話	(명/スル) 보살핌, 시중듦
帰化	(명/スル) 귀화
名乗る	(동) 이름을 대다, 자기 이름으로 쓰다
文物	(명) 문물
必死	(명/な형) 필사적
書き残す	(동) 써서 남기다

주요 문형

1 ～かたわら ～하는 한편/～하면서

英語(えいご)を教(おし)えるかたわら、日本(にほん)の文化(ぶんか)について研究(けんきゅう)する。
영어를 가르치는 한편 일본 문화에 대해 연구하다.

동(기본형)/명の＋かたわら

- 'AかたわらB(A 한편으로 B)'는 'A라는 주된 활동을 하는 한편으로 틈을 이용하여 B를 하다'라는 의미이다.

예문

① 学校(がっこう)に通(かよ)うかたわら、家業(かぎょう)を手伝(てつだ)っている。
학교에 다니면서 한편으로 가업을 돕고 있다.

② 文学研究(ぶんがくけんきゅう)をするかたわら、図書館(としょかん)で司書(ししょ)として働(はたら)いている。
문학연구를 하는 한편 도서관에서 사서로 일하고 있다.

③ 俳優業(はいゆうぎょう)のかたわら、映画(えいが)の監督(かんとく)やプロデュースにも挑戦(ちょうせん)する。
배우를 하면서 영화감독과 프로듀서에도 도전한다.

2 ～ては ～하고서는

いろいろな怪談を買い集めては、気に入りそうな話を選んで聞かせる。
여러 가지 괴담을 사모아서는 마음에 들어 할 것 같은 이야기를 골라서 들려주다.

동(て형)+は

- 'AてはB(A하고서는 B)'는 'A와 B 두 가지 동작을 반복한다'라는 의미이다.
- A와 B에는 반대 의미의 동사가 들어가는 경우도 있다.

예문

① 新しい製品が登場しては消えていく。
새로운 제품이 등장하고는 사라진다.

② 毎日同じ失敗をしては、上司に怒られる。
매일 같은 실수를 해서 상사에게 꾸중을 듣는다.

③ 食べては寝て、食べては寝てという生活を続けていたらすっかり太ってしまった。
먹고 자고, 먹고 자는 생활을 계속 했더니 완전히 살이 찌고 말았다.

문형 연습

① 書い(　　　　　)消してを繰り返しているうちに朝になってしまった。

② 会社勤めの(　　　　　)、小説を書いている。

본문

[講義室]

講師：皆さんは、小泉八雲こと、ラフカディオ・ハーンをご存知ですか。ハーンは、1850年、ギリシャで生まれ、アメリカで記者生活を送った後、1890年に来日しました。松江尋常中学校や東京大学で英語を教えるかたわら、日本の文化について研究し、海外に紹介したことで有名です。来日してすぐに、身の回りの世話をしていた小泉セツと結婚し、子どもが生まれたのをきっかけに帰化し、小泉八雲と名乗るようになりました。

ソヨン：へえ。そんな人がいるんだ。

伊波：うん。結構有名な人だよ。

講師：ハーンは、日本語を読むことができなかったため、妻セツはハーンに聞かせるために、古本屋を回って、いろいろな怪談を買い集めては、ハーンの気に入りそうな話を選んで聞かせました。セツが本をそのまま読み聞かせることをハーンが嫌がったため、セツはすべてを自分の頭に入れた上で話をしなければなりませんでした。その後、セツから聞いた話をもとにして、ハーンは怪談をまとめて出版しました。当時の日本の人々は、西洋の文物を取り入れるのに必死で、怪談に特に価値があるとは考えていませんでした。しかし文学者であったハーンのおかげで、怪談が書き残され、研究が進みました。皆さんもハーンが書いた『雪おんな』や『耳なし芳一』という怪談を一度読んでみるといいかもしれません。

ソヨン：怪談か。ちょっと怖そうだけど一度読んでみようかな。

伊波：小泉八雲だったら、青空文庫で読めると思うよ。

ソヨン：青空文庫？

伊波：うん。著作権が切れた作品なんかをインターネット上で無料公開しているサイトのことだよ。

Tip

小泉八雲의 소설은 青空文庫(https://www.aozora.gr.jp/)에서 읽을 수 있습니다.

본문 해석

[강의실]

강사 : 여러분은 고이즈미 야쿠모(小泉八雲), 즉 라프카디오 헌(Lafcadio Hearn)을 아세요? 헌은 1850년, 그리스에서 태어나 미국에서 기자생활을 한 후 1890년에 일본에 왔습니다. 마츠에(松江) 진죠(尋常)중학교와 도쿄(東京)대학교에서 영어를 가르치는 한편, 일본 문화에 대해 연구하여 해외에 소개한 것으로 유명합니다. 일본에 온 지 얼마 되지 않아서 신변의 일을 도와주던 고이즈미 세츠(小泉セツ)와 결혼하였고, 아이가 태어난 것을 계기로 귀화해 고이즈미 야쿠모라는 이름을 사용하게 되었습니다.

소연 : 아, 그런 사람이 있구나.

이하 : 응. 꽤 유명한 사람이야.

강사 : 헌은 일본어를 읽지 못했기 때문에 부인인 세츠가 헌에게 들려주기 위해, 헌책방을 돌며 여러 가지 괴담을 사 모아서는 헌이 마음에 들어 할 것 같은 이야기를 골라서 들려주었습니다. 세츠가 책을 그대로 읽어주는 것을 헌이 싫어했기 때문에, 세츠는 전부 기억한 다음에 이야기를 들려주어야 했습니다. 그 후 세츠에게 들은 이야기를 바탕으로 헌은 괴담을 정리해 출판했습니다. 당시 일본 사람들은 서양의 문물을 받아들이는 데에 급급해서 괴담에 특별히 가치가 있다고는 생각하지 않았습니다. 그러나 문학자였던 헌 덕분에 괴담이 남겨지게 되었고 연구가 진행되었습니다. 여러분도 헌이 쓴 『설녀(雪おんな)』『귀 없는 호이치(耳なし芳一)』라는 괴담을 한번 읽어 보면 좋을 것 같아요.

소연 : 괴담이라. 좀 무서울 것 같은데 한번 읽어볼까.

이하 : 고이즈미 야쿠모라면 아오조라(青空) 문고에서 읽을 수 있을 거야.

소연 : 아오조라 문고?

이하 : 응. 저작권이 만료된 작품 같은 것을 인터넷 상에 무료로 공개하고 있는 사이트야.

OX 퀴즈

대화문을 다시 듣고 다음의 내용이 맞으면 O, 틀리면 X를 표시해 보세요.

① 小泉八雲とラフカディオ・ハーンは同一人物です。
고이즈미 야쿠모와 라프카디오 헌은 동일인물입니다.

② ラフカディオ・ハーンは、古本屋を回って怪談を買い集めました。
라프카디오 헌은 헌책방을 돌며 괴담을 사 모았습니다.

③ 青空文庫では、最近の作品を無料で公開しています。
아오조라 문고에서는 최근 작품을 무료로 공개하고 있습니다.

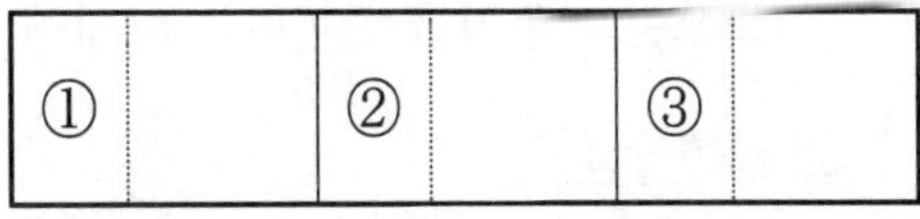

정답

듣기 연습 정답

① 1890年(ねん)です。
1890년입니다.

② 怪談(かいだん)に特(とく)に価値(かち)があるとは考(かんが)えていませんでした。
괴담에 특별히 가치가 있다고는 생각하지 않았습니다.

문형 연습 정답

① ては
쓰고는 지우기를 반복하는 사이에 아침이 되어 버렸다.

② かたわら
회사에 다니면서 소설을 쓰고 있다.

OX 퀴즈 정답

① O

② X

ハーンの妻(つま)のセツが、古本屋(ふるほんや)を回(まわ)って怪談(かいだん)を買(か)い集(あつ)めました。
헌의 부인인 세츠가 헌책방을 돌며 괴담을 사 모았습니다.

③ X

青空文庫(あおぞらぶんこ)では、著作権(ちょさくけん)が切(き)れた作品(さくひん)を無料(むりょう)で公開(こうかい)しています。
아오조라 문고에서는 저작권이 만료된 작품을 무료로 공개하고 있습니다.

Lesson
30

후지산이 거꾸로 보여요?

학습 내용

ソヨンさんは、佐藤さんに「逆さ富士」を見に行こうと誘われました。佐藤さんによると、富士山にはいろいろな呼び方があるようです。
소연 씨는 사토 씨에게 '사카사 후지'를 보러 가자는 권유를 받았습니다. 사토 씨에 따르면 후지산에는 여러 가지 이름이 있는 것 같습니다.

듣기 연습

학습을 시작하기에 앞서 음성 파일을 듣고 다음 질문에 답해보세요.

① 逆さ富士とは、どのような富士山のことをいいますか。
사카사 후지란 어떤 후지산을 말합니까?

② 富士山の頂上に満月がかかっている状態のことを何といいますか。
후지산 정상에 보름달이 걸려 있는 상태를 뭐라고 합니까?

어휘

逆さま	(명/な형) 거꾸로 됨
水面	(명) 수면
映る	(동) 비치다
光る	(동) 빛나다, 반짝이다
頂上	(명) 정상, 꼭대기
かかる	(동) 걸리다, 매달리다
輝く	(동) 빛나다, 반짝이다
満月	(명) 만월, 보름달

주요 문형

1 ~とはかぎらない 반드시 ~라고는 할 수 없다

行(い)ったからといって見(み)えるとは限(かぎ)らない。
간다고 해서 꼭 볼 수 있는 것은 아니다.

동(보통형)/い형(보통형)/な형(보통형)/명(보통형)+とはかぎらない
- '~というわけではない(꼭 ~라는 것은 아니다)'라는 의미이다.
- '일반적으로 그렇다고 생각하지만 예외도 있다'라고 할 때 사용한다.

예문

① 努力(どりょく)が必(かなら)ず報(むく)われるとは限(かぎ)らない。
노력이 반드시 보답을 받는다고는 할 수 없다.

② 天気予報(てんきよほう)がいつも当(あ)たるとは限(かぎ)らない。
일기예보가 항상 맞는다고는 할 수 없다.

③ マスメディアの情報(じょうほう)が、常(つね)に正(ただ)しいとは限(かぎ)らない。
언론의 정보가 항상 옳다고는 할 수 없다.

2 ~しだいだ/~しだいで(は) ~에 달려 있다/~에 따라서는

その日のお天気次第なんですね。
그날의 날씨에 달려 있군요.

명+しだいだ
명+しだいで(は)

- 'Aしだいだ'는 'Aによって変わってくる(A에 따라 달라진다)'라는 의미이다.
- 'AしだいでB'는 'A에 따라서는 B가 될 가능성도 있다'라는 의미이다.

예문

① ここまで来たら、あとは本人の頑張り次第だ。
여기까지 왔으면 나머지는 본인의 노력 여하에 달렸다.

② 台風の進路次第では、大雨が降る恐れがある。
태풍의 진로에 따라서는 폭우가 내릴 우려가 있다.

③ 会社の業績次第では、ボーナスが支給されることもある。
회사의 실적에 따라서는 보너스가 지급되는 경우도 있다.

문형 연습

① 必ずしも正解が一つである(　　　　　　)。

② 入院するかどうかは、検査の結果(　　　　　　)決まる。

본문

[カフェ]

佐藤 : 今度の週末、富士山を見に行くんだけど、一緒に行く？

ソヨン : 富士山ですか？

佐藤 : うん。本栖湖の方に行って、逆さ富士を見てこようと思って…。

ソヨン : 逆さ富士って何ですか。

佐藤 : 逆さ富士というのは、逆さまになっている富士山のことをいうんだ。

ソヨン : えっ、富士山が逆さま？どういうことですか。

佐藤 : 口で説明するより、実際に見た方が早いかも。これなんだけど…。
（千円札を財布から取り出す。）

ソヨン : ああ、水面に映って逆さまになっているんですか。

佐藤 : そうなの。他にも、ダイヤモンド富士なんていうのもあるよ。

ソヨン : ダイヤモンド富士？雪が降って、光ってるのかな？

佐藤 : いや、ダイヤモンド富士っていうのは、富士山の頂上に太陽がかかって輝いている状態のことをいうんだ。他にはパール富士なんていうのもあるんだよ。

ソヨン : パール富士？ダイヤモンドがお日様だとすると、パールっていうのは…。えっ、もしかしてお月様のことですか？

佐藤 : そう。正解。富士山の頂上に満月がかかっている状態のことをいうらしい。

ソヨン : へえ。いろんな富士山があるんですね。

佐藤 : でもダイヤモンド富士とかパール富士は、見える時期とか場所が限られているから、なかなかお目にかかれないんだよね。

ソヨン : そうなんですか…。でも、逆さ富士だったら時期に関係なく見えるんじゃないんですか。

佐藤 : いや、それがね、富士山っていうのは、毎日見えるわけじゃないから、行ったからといって見えるとは限らないんだ。

ソヨン : へえ、そうなんですか。その日のお天気次第なんですね…。

본문 해석

[카페]

사토 : 이번 주말에 후지산을 보러 가는데 같이 갈래?

소연 : 후지산이요?

사토 : 응. 모토스 호수(本栖湖) 쪽으로 가서 사카사 후지(逆さ富士)를 보고 오려고….

소연 : 사카사 후지는 뭐예요?

사토 : 사카사 후지라는 건 거꾸로 보이는 후지산을 말해.

소연 : 어, 후지산이 거꾸로 보여요? 어떤 의미예요?

사토 : 말로 설명하는 것보다 실제로 보는 편이 빠를 거야. 이건데….

(천 엔 지폐를 지갑에서 꺼낸다.)

소연 : 아, 수면에 비춰어 거꾸로 보이는 거예요?

사토 : 맞아. 이거 말고도 다이아몬드 후지라는 것도 있어.

소연 : 다이아몬드 후지요? 눈이 내려서 빛나는 건가요?

사토 : 아니, 다이아몬드 후지라는 건 후지산 정상에 태양이 걸려서 반짝이고 있는 상태를 말해. 다른 것으로는 펄 후지라는 것도 있어.

소연 : 펄 후지요? 다이아몬드가 해님이라면 펄이라는 건…. 혹시 달님이요?

사토 : 맞아. 정답이야. 후지산 정상에 보름달이 걸려 있는 상태를 말한다더라.

소연 : 아. 여러 가지 후지산이 있네요.

사토 : 하지만 다이아몬드 후지나 펄 후지는 보이는 시기나 장소가 제한적이라 좀처럼 보기가 어려워.

소연 : 그렇구나…. 하지만 사카사 후지라면 시기에 상관없이 볼 수 있지 않아요?

사토 : 그게…. 후지산이 매일 보이는 게 아니라서 간다고 해서 꼭 볼 수 있는 건 아니야.

소연 : 아, 그렇군요. 그날의 날씨에 달려 있군요….

OX 퀴즈

대화문을 다시 듣고 다음의 내용이 맞으면 O, 틀리면 X를 표시해 보세요.

① 佐藤さんは、今度の週末、本栖湖の方に行く予定です。
사토 씨는 이번 주말에 모토스 호수 쪽으로 갈 예정입니다.

② ダイヤモンド富士とは、富士山の頂上に太陽がかかって輝いている状態のことをいいます。
다이아몬드 후지란 후지산 정상에 태양이 걸려서 반짝이고 있는 상태를 말합니다.

③ 富士山は、毎日見ることができます。
후지산은 매일 볼 수 있습니다.

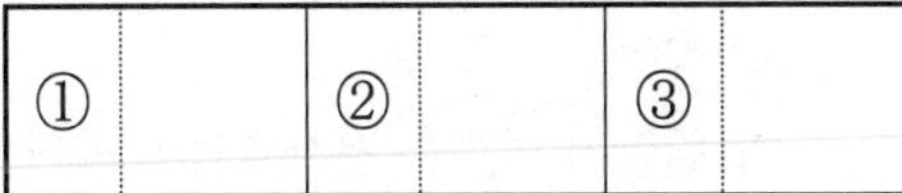

정답

듣기 연습 정답

① 水面に映って逆さまになっている富士山のことをいいます。
수면에 비춰어 거꾸로 보이는 후지산을 말합니다.

② パール富士といいます。
펄 후지라고 합니다.

문형 연습 정답

① とは限らない
반드시 정답이 하나인 것은 아니다.

② 次第で
입원할지 여부는 검사결과에 따라서 결정된다.

OX 퀴즈 정답

① O

② O

③ X

富士山が見えるかどうかは、その日のお天気次第です。
후지산이 보일지 어떨지는 그날의 날씨에 달려 있습니다.

Lesson
31

구사츠 온천은 어떤 곳이야?

사진 제공 : Joe Hiroyuki

학습 내용

ソヨンさんは、今度佐藤さんと草津温泉に行く予定です。そこで、草津温泉について、伊波君から教えてもらうことにしました。

소연 씨는 이번에 사토 씨와 구사츠 온천에 갈 예정입니다. 그래서 구사츠 온천에 대해 이하 군에게 이야기를 듣기로 했습니다.

듣기 연습

학습을 시작하기에 앞서 음성 파일을 듣고 다음 질문에 답해보세요.

① 草津温泉のお湯は、どんな病気に効きますか。
구사츠 온천의 온천수는 어떤 병에 효과가 있습니까?

② 「湯もみ」はどのようにしますか。
'유모미'는 어떻게 합니까?

어휘

名湯	(명) 명탕, 효능이 있다고 알려진 온천
都内	(명) 도쿄도 안, 특히 도쿄의 중심지역
アクセス(access)	(명/スル) 액세스, 접근성
老若男女	(명) 남녀노소
源泉	(명) 원천, 근원
効能	(명) 효능
ずらっと	(부) 잇달아 늘어선 모양, 죽
拍子	(부) 박자

주요 문형

1 ~をとわず ~을 불문하고

都内(とない)からのアクセスもいいから、老若男女(ろうにゃくなんにょ)を問(と)わず人気(にんき)だ。
도쿄에서 접근성도 좋아서 남녀노소를 불문하고 인기가 있다.

명+をとわず

- '~(かどうか)に関係(かんけい)なく(~(일지 어떨지)에 관계없이)' '~(かどうか)を問題(もんだい)にせず(~(일지 어떨지)를 문제 삼지 않고)' '~の影響(えいきょう)を受(う)けず(~의 영향을 받지 않고)'라는 의미이다.
- 남녀, 안팎, 공사, 유무, 주야 등 상반되는 말과 함께 사용하는 경우도 있고 연령, 요일, 경험, 국적 등 자격이나 조건을 나타내는 말과 함께 사용하는 경우도 있다.

예문

① このアルバイトは男女(だんじょ)を問(と)わず、人気(にんき)があります。
이 아르바이트는 남녀를 불문하고 인기가 있습니다.

② この会社(かいしゃ)は国籍(こくせき)を問(と)わず、有能(ゆうのう)な若者(わかもの)を採用(さいよう)している。
이 회사는 국적을 불문하고 젊고 유능한 인재를 채용하고 있다.

③ 参加不参加(さんかふさんか)を問(と)わず、必(かなら)ず返信(へんしん)するようにしてください。
참석여부를 불문하고 반드시 회신하도록 하십시오.

2 ～といえば　～라고 하면

草津(くさつ)といえば「湯(ゆ)もみ」というくらい有名(ゆうめい)な温泉文化(おんせんぶんか)だ。
구사츠라고 하면 '유모미'라고 할 정도로 유명한 온천문화이다.

동(보통형)/い형(보통형)/な형(보통형)/な형어간/명(보통형)/명+といえば

- 화제가 되고 있는 것으로부터 연상할 수 있는 내용을 이야기하거나 설명할 때 사용하는 표현이다.
- '～といえば～だが(～라고 하면 ～이지만)'라는 표현도 있는데, 이 표현은 'どちらかというと～だ(굳이 말하자면 ～이다)'라는 의미이다.

예 訓練(くんれん)はつらいといえばつらいが、我慢(がまん)できないほどではない。
훈련은 힘들다면 힘들지만 참을 수 없을 정도는 아니다.

예문

① 田中(たなか)さんといえば、最近(さいきん)アメリカに留学(りゅうがく)したという噂(うわさ)を聞(き)きました。
다나카 씨라면 최근에 미국으로 유학 갔다는 소문을 들었습니다.

② 大阪(おおさか)といえば、たこ焼(や)きが有名(ゆうめい)です。
오사카라고 하면 다코야키가 유명합니다.

③ タイ料理(りょうり)といえば、この前(まえ)行(い)ったタイ料理(りょうり)のお店(みせ)、おいしかったですよね。
태국요리라고 하면 일전에 갔던 태국요리 음식점이 맛있었죠.

문형 연습

① 韓国(かんこく)のお土産(みやげ)(　　　　　　)やっぱり韓国海苔(かんこくのり)ではないでしょうか。

② 彼女(かのじょ)は年齢(ねんれい)(　　　　　　)幅広(はばひろ)い世代(せだい)から愛(あい)される歌手(かしゅ)です。

본문

[カフェ]

ソヨン : 今度、佐藤さんと草津温泉に行くことになったんだけど、草津温泉ってどんなところなの？

伊波 : 草津温泉はね、日本を代表する名湯の一つとして有名なんだ。都内からのアクセスもいいから、老若男女を問わず人気らしいよ。あと、「湯もみ」で有名なんだよ。

ソヨン : えっ？湯もみ？ お湯をもむの？

伊波 : まあ、そんなところかな。草津といえば「湯もみ」っていうくらい有名な温泉文化なんだよ。

ソコン : へえ。

伊波 : 草津のお湯は、酸性が強くて皮膚病とか神経痛、糖尿病にも効く、すごくいいお湯なんだって。でも源泉がすごく熱いから、人が入浴できる温度に下げないといけないんだけど、水を入れると、効能が薄まっちゃうでしょ？そこで、考え出されたのが、水を入れずにお湯の温度を下げる「湯もみ」っていう方法なんだ。

ソヨン : どうやってやるの？

伊波 : こんな長い板を持った人がずらっと並んでね、「草津節」っていう唄を歌いながら拍子に合わせて板を回してお湯の温度を下げるんだよ。観光客が「湯もみ」を体験できる温泉施設もあるから、ソヨンさんもやってみるといいよ。

ソヨン : へえ、そうなんだ。草津に行ったら、やってみようっと。

본문 해석

[카페]

소연 : 이번에 사토 씨와 구사츠(草津) 온천에 가기로 했는데, 구사츠 온천은 어떤 곳이야?

이하 : 구사츠 온천은 일본을 대표하는 명탕(名湯) 중의 하나로 유명해. 도쿄에서 접근성도 좋아서 남녀노소를 불문하고 인기가 있는 것 같아. 그리고 '유모미(湯もみ)'가 유명해.

소연 : 어? 유모미? 온천수를 주무르는 거야?

이하 : 뭐, 그런 비슷한 의미야. 구사츠라고 하면 '유모미'라고 할 정도로 유명한 온천문화야.

소연 : 그렇구나.

이하 : 구사츠의 온천수는 산성이 강해서 피부병이나 신경통, 당뇨병에도 효과가 있는 굉장히 좋은 물이래. 하지만 원천이 너무 뜨거워서 사람들이 입욕할 수 있는 온도로 낮춰야 하는데, 물을 넣으면 효능이 떨어져 버리잖아? 그래서 고안해낸 것이 물을 넣지 않고 온천수의 온도를 낮추는 '유모미'라는 방법이야.

소연 : 어떻게 하는데?

이하 : 이렇게 긴 판자를 든 사람들이 죽 늘어서서 '구사츠부시'라는 노래를 부르면서 박자에 맞춰 판자를 돌려 물의 온도를 낮추는 거야. 관광객이 '유모미'를 체험할 수 있는 온천시설도 있으니까 소연 씨도 해보면 좋을 거야.

소연 : 아, 그렇구나. 구사츠에 가면 해봐야지.

OX 퀴즈

대화문을 다시 듣고 다음의 내용이 맞으면 O, 틀리면 X를 표시해 보세요.

① 草津温泉(くさつおんせん)は、東京(とうきょう)から行(い)きやすいです。
구사츠 온천은 도쿄에서 가기가 쉽습니다.

② 草津(くさつ)のお湯(ゆ)は酸性(さんせい)が強(つよ)いので、「湯(ゆ)もみ」をしないと入(はい)れません。
구사츠의 온천수는 산성이 강해서 '유모미'를 하지 않으면 들어갈 수 없습니다.

③ 「湯(ゆ)もみ」とは水(みず)を入(い)れて、お湯(ゆ)の温度(おんど)を下(さ)げる方法(ほうほう)のことです。
'유모미'는 물을 넣어서 온천수의 온도를 낮추는 방법을 말합니다.

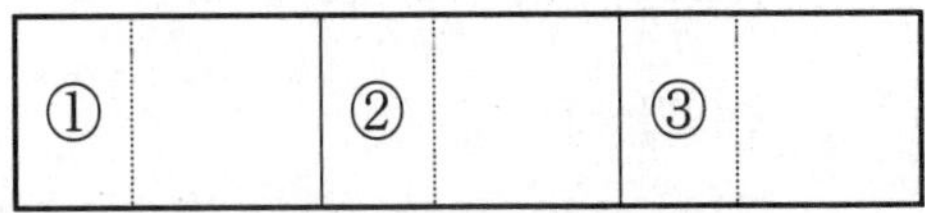

정답

듣기 연습 정답

① 皮膚病、神経痛、糖尿病です。
피부병, 신경통, 당뇨병입니다.

② 「草津節」を歌いながら、拍子に合わせて長い板を回します。
'구사츠부시'를 부르면서 박자에 맞춰 긴 판자를 돌립니다.

문형 연습 정답

① といえば
한국 여행의 선물이라고 하면 역시 한국 김이 아닐까요.

② を問わず
그녀는 나이를 불문하고 폭넓은 세대로부터 사랑받는 가수입니다.

OX 퀴즈 정답

① O

都内からのアクセスもいいです。
도쿄에서 접근성도 좋습니다.

② X

草津のお湯は源泉がすごく熱いので、「湯もみ」をしなければ入れません。
구사츠의 온천수는 원천이 굉장히 뜨거워서 '유모미'를 하지 않으면 들어갈 수 없습니다.

③ X

「湯もみ」とは水を入れずに、お湯の温度を下げる方法のことです。
'유모미'는 물을 넣지 않고 온천수의 온도를 낮추는 방법을 말합니다.

Lesson
32

이게 유카타야

사진 제공 : HONAGA CO., LTD.

학습 내용

ソヨンさんは佐藤さんの家で浴衣を見せてもらっています。浴衣を初めて見たソヨンさんは少し驚いているようです。
소연 씨는 사토 씨 집에서 유카타를 구경하고 있습니다. 유카타를 처음 본 소연 씨는 조금 놀란 것 같습니다.

듣기 연습

학습을 시작하기에 앞서 음성 파일을 듣고 다음 질문에 답해보세요.

① 洋服と着物の違いを教えてください。
양복과 기모노의 차이를 설명해 보십시오.

② 「改良韓服」とはどのような服のことをいいますか。
'개량한복'은 어떤 옷을 말합니까?

어휘

すそ	(명) 옷자락
貸し借り	(명/スル) 빌려주고 빌리는 것
短所	(명) 단점
腰ひも	(명) 허리끈
敬遠	(명/スル) 경원, 멀리 함
見劣り	(명/スル) 다른 것에 비해 못해 보임
まし	(명/な형) 더 나음, 더 좋음
普段着	(명) 평상복

주요 문형

1 ～ずくめ　～뿐/～일색

なんだか、いいことずくめですね。
온통 좋은 것뿐이네요

명+ずくめ

- '～ばかりだ(～뿐이다)'라는 의미이다.
- 긍정적 의미로도, 부정적 의미로도 사용한다.
- 관용 표현이 많다.

예

いいことずくめ	좋은 일뿐
異例(いれい)ずくめ	이례적인 것 일색
会議(かいぎ)ずくめ	온통 회의뿐
規則(きそく)ずくめ	온통 규칙뿐
計算(けいさん)ずくめ	사전에 계획됨
白(しろ)ずくめ	온통 흰색

예문

① 記録(きろく)ずくめの初優勝(はつゆうしょう)を飾(かざ)る。
많은 신기록을 세우면서 첫 우승을 장식하다.

② 山下(やました)さんは、いつも黒(くろ)ずくめの格好(かっこう)でやって来(く)る。
야마시타 씨는 항상 검정 일색의 복장으로 온다.

③ プレゼントをもらったり、おいしいものを食(た)べたり、今日(きょう)はうれしいことずくめだった。
선물도 받고 맛있는 것도 먹고 오늘은 온통 기쁜 일뿐이었다.

2 ～あげく(に) ～한 끝(에)/～한 결과

伝統にこだわったあげく、誰も着る人がいなくなった。
전통을 고집한 결과, 아무도 입지 않게 되었다.

동(た형)/명の＋あげく(に)

- '여러 가지 일을 한 결과, 최종적으로 그다지 바람직하지 않은 결말이 되었다'라는 의미이다.
- 'さんざん(실컷/몹시)' 등과 같이 쓰는 경우가 많다.
- 아쉬운 마음이 담겨 있다.

예문

① いろいろ悩んだあげく、離婚することにした。
여러모로 고민한 결과, 이혼하기로 했다.

② さんざん迷ったあげく、結局何も買わずに店を出た。
몹시 망설인 끝에 결국 아무것도 사지 않고 가게를 나왔다.

③ 激しい口論のあげく、相手をなぐってしまった。
격렬한 말싸움 끝에 상대방을 때리고 말았다.

문형 연습

① 今日は父の誕生日だったのでごちそう(　　　　　　)だった。

② さんざん悩んだ(　　　　　　)、彼は就職をあきらめ故郷に帰ることにした。

본문

[佐藤さんの家]

佐藤：ソヨンさん、これが浴衣だよ。夏用の着物なの。

ソヨン：わあ、初めて見ました。すそがずいぶん長いんですね。これじゃ長すぎませんか。

佐藤：ああ、着物はね、着る人に合わせて、長さを調節できるんだよ。

ソヨン：洋服は着る人を選ぶけど、着物は着る人を選ばないんですね。

佐藤：そういうこと。だから、ちょっとくらい体型が変わってもそのまま着られるし、貸し借りをしたり、子どもや孫の代まで伝えることもできるんだ。

ソヨン：なんだか、いいことずくめですね。

佐藤：でしょ？でもその分、着るのが難しくなるから、それが短所とも言えるよね。

ソヨン：どうやって着るんですか？

佐藤：きちんと着るには順番があるんだけど、まあ簡単に言うと、まず下の半分の長さを決めて腰の部分を腰ひもで止めるの。次に上の半分を整えて、胸の下を腰ひもで止めるんだ。そうすると、下と上が安定するでしょ？

ソヨン：なるほど。下と上を順番に作っていくんですね。でもそれだったら、最初から二つに分かれていてもいいような気もしますが。

佐藤：そうだよね。着るのが難しいと着物を敬遠する人も多いから、上下に分かれた着物もあるらしいよ。伝統的な着物に比べると、ちょっと見劣りするかもしれないけど、全く着ないよりはましだよね。

ソヨン：それは、韓国の韓服も同じです。

佐藤：それって韓国の伝統衣装だよね？

ソヨン：はい。もともと韓服は着物と違って、スカートの部分と上着の部分に分かれているんですが、ちょっと動きにくいので、日常生活でも着やすいようにと作られた「改良韓服」っていうのがあるんです。伝統的な韓服より機能的なデザインなので、普段着感覚で着られるんですよ。

佐藤：へえ、そうなんだ。そういえば、日本でも着物をカジュアルな感じにアレンジして、日常生活で着られるようにしたものがあるって雑誌で見たことあるな。

ソヨン：あっ、韓国にも「フュージョン韓服」という伝統的な韓服と現代のファッションを融合させたものがあります。

佐藤：ふうん。「伝統にこだわったあげく、誰も着る人がいなくなった」では困っちゃうもんね。伝統を守るのも大切だけど、時代の変化に合わせて変えていくことも必要だと思う。

ソヨン：そうですよね。

본문 해석

[사토 씨의 집]

사토 : 소연 씨, 이게 유카타야. 여름용 기모노.

소연 : 와, 처음 봤어요. 옷자락이 굉장히 기네요. 이건 너무 길지 않아요?

사토 : 아, 기모노는 입는 사람에 맞춰서 길이를 조절할 수 있어.

소연 : 양복은 입는 사람을 고르지만 기모노는 입는 사람을 고르지 않는군요.

사토 : 맞아. 그래서 체형이 약간 변해도 그대로 입을 수 있고, 빌리거나 빌려줄 수 있고, 자식이나 손자 대까지 물려줄 수도 있어.

소연 : 온통 좋은 것뿐이네요.

사토 : 그렇지? 하지만 그만큼 입는 게 어려워지니까 그게 단점이라고 할 수 있어.

소연 : 어떻게 입어요?

사토 : 제대로 입으려면 순서가 있는데, 간단하게 말하면 우선 아랫부분 절반의 길이를 정해서 허리 부분을 허리끈으로 고정해. 그 다음에 윗부분을 정리해서 가슴 아래를 허리끈으로 고정하는 거야. 그렇게 하면 상하가 안정되겠지?

소연 : 그렇군요. 아래와 위를 순서대로 만들어가는 거군요. 하지만 그러면 처음부터 둘로 나뉘어 있어도 괜찮을 것 같은 생각도 들어요.

사토 : 그렇지. 입는 게 어렵다고 기모노를 꺼리는 사람도 많아서 상하로 분리된 기모노도 있대. 전통적인 기모노에 비하면 조금 못해 보일지 모르지만, 아예 안 입는 것보다는 낫겠지.

소연 : 그건 한국의 한복도 마찬가지예요.

사토 : 한복이란 한국의 전통의상이지?

소연 : 네. 원래 한복은 기모노와 달리 치마 부분과 저고리 부분으로 나뉘어 있는데요, 움직이기가 좀 불편하기 때문에 일상생활에서도 입기 편하게 만들어진 '개량한복'이라는 것이 있어요. 전통적인 한복보다 기능적인 디자인이라 평상복처럼 입을 수 있어요.

사토 : 아, 그렇구나. 그러고 보니 일본에서도 기모노를 캐주얼하게 재해석해서 일상생활에서 입을 수 있도록 한 것이 있다고 잡지에서 본 적 있어.

소연 : 어, 한국에도 '퓨전 한복'이라고 전통적인 한복과 현대 패션을 융합시킨 것이 있어요.

사토 : 그렇구나. 전통을 고집한 결과, 아무도 안 입게 되면 곤란하니까. 전통을 지키는 것도 중요하지만 시대의 변화에 맞춰서 바뀌 나가는 것도 필요하다고 생각해.

소연 : 그렇죠.

OX 퀴즈

대화문을 다시 듣고 다음의 내용이 맞으면 O, 틀리면 X를 표시해 보세요.

① 洋服は、ちょっとくらい体型が変わってもそのまま着られます。
양복은 체형이 조금 변해도 그대로 입을 수 있습니다.

② 着物は着るのが難しいことが、短所と言えます。
기모노는 입기가 어려운 것이 단점이라고 할 수 있습니다.

③ 伝統的な着物は、上から下の順番で形を整えていきます。
전통적인 기모노는 위에서 아래의 순서로 모양을 만들어 갑니다.

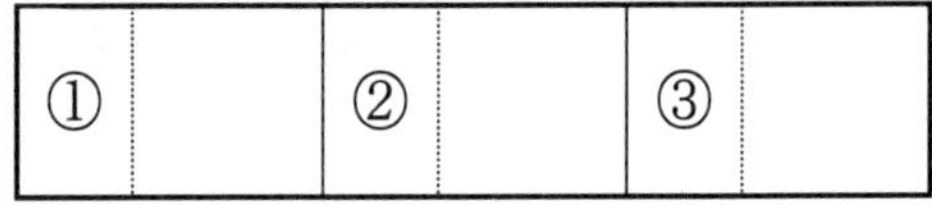

정답

듣기 연습 정답

① 洋服は着る人を選びますが、着物は着る人を選びません。
양복은 입는 사람을 고르지만 기모노는 입는 사람을 고르지 않습니다.

② 伝統的な韓服より機能的にデザインされていて、普段着感覚で着られる韓服のことです。
전통적인 한복보다 기능적으로 디자인되어 있어서 평상복처럼 입을 수 있는 한복을 말합니다.

문형 연습 정답

① ずくめ
오늘은 아버지 생신이었기 때문에 온통 맛있는 음식뿐이었다.

② あげく
몹시 고민한 끝에 그는 취직을 포기하고 고향에 돌아가기로 했다.

OX 퀴즈 정답

① X
着物の場合、ちょっとくらい体型が変わってもそのまま着られます。
기모노의 경우는 체형이 조금 변해도 그대로 입을 수 있습니다.

② O

③ X
伝統的な着物は、下から上の順番で形を整えていきます。
전통적인 기모노는 아래에서 위의 순서로 모양을 만들어 갑니다.

책을 빌리고 싶은데요

학습 내용

ソヨンさんは温泉に関する本を借りるために図書館にやって来ました。しかし、読みたいと思っていた本が図書館にないようです。

소연 씨는 온천에 관한 책을 빌리기 위해 도서관에 왔습니다. 그러나 읽고 싶었던 책이 도서관에 없는 모양입니다.

듣기 연습

학습을 시작하기에 앞서 음성 파일을 듣고 다음 질문에 답해보세요.

① 近隣の大学から取り寄せる場合、本が準備できるまでどのくらいかかりますか。
인근 대학교에 신청해서 가져오는 경우는 책이 준비될 때까지 어느 정도 걸립니까?

② どのような場合に、大学の図書館が本を購入しますか。
어떤 경우에 대학교 도서관이 책을 구입합니까?

어휘

謎	(명) 수수께끼, 불가사의, 신비
取り寄せる	(동) 주문해서 가져오게 하다
申し込み	(명) 신청
結構	(な형) 충분함, 만족스러움
近隣	(명) 근린, 인근, 이웃
受け取る	(동) 받다, 수취하다
取り置き	(명) 챙겨 둠
除く	(동) 제외하다

주요 문형

1 ~をかねる ~을 겸하다

取り寄せだけでなく、購入リクエストの申し込みも兼ねている。
상호 대차 신청뿐만 아니라 자료 구입 신청도 겸하고 있다.

명+をかねる

- '두 가지 효과를 동시에 달성하고 있다'라는 의미이다.
- '명+をかねた(~을 겸한)+명'이라는 형태도 있다.

예 事務所を兼ねた住宅
사무소를 겸한 주택

- '명+をかねて(~을 겸해서)'라는 형태도 있다.

예 父の退職祝いを兼ねて、海外旅行に行くことにした。
아버지의 퇴직 축하를 겸해서 해외여행을 가기로 했다.

예문

① この手帳は家計簿も兼ねている。
이 수첩은 가계부도 겸하고 있다.

② 一人で複数の役割を兼ねている。
혼자서 여러 역할을 겸하고 있다.

③ この大会は、オリンピックの最終予選を兼ねている。
이 대회는 올림픽 최종예선을 겸하고 있다.

2 ～いかんで(は) ～여하에 따라서(는)

本の内容いかんでは、リクエストを受けられないこともある。
책의 내용 여하에 따라서는 자료 구입 신청을 받을 수 없는 경우도 있다.

명(の)+いかんで(は)

- '조건에 따라서는'이라는 의미이다.
- '～次第で(は)(～에 따라서는)'와 같은 의미인데 '～いかんで(は)'가 격식을 갖춘 문어체 표현이다.

예 仕事の出来次第では、ボーナスがもらえるかもしれない。
업무의 성과에 따라서는 보너스를 받을 수 있을지도 모른다.

예문

① この一年の努力いかんで、今後の進路が決まる。
앞으로 일 년 동안의 노력 여하에 따라 향후의 진로가 결정된다.

② 期末試験の結果いかんでは、進級できない可能性もある。
기말시험의 결과에 따라서는 진급하지 못할 가능성도 있다.

③ 相手の出方いかんでは、これまでの業務提携を解消することもあり得る。
상대방이 어떻게 나오는가에 따라서는 지금까지의 업무제휴를 해지할지도 모른다.

문형 연습

① 今日の飲み会は歓迎会と送別会(　　　　　　)いる。

② 今後の成績(　　　　　　)奨学金がもらえなくなる可能性がある。

본문

[図書館のカウンター]

ソヨン： すみません、『温泉の謎』という本を借りたいんですが。検索しても出てこなくって…。

図書館司書： そうですか。ひょっとしたら横浜キャンパスにあるかもしれないので調べてみますね。

(検索する。)

図書館司書： 残念ですが、この本は横浜キャンパスにも置いてないみたいですね。

ソヨン： どうしても読んでみたいんですが、何かいい方法はありませんか。

図書館司書： それでしたら、他大学の図書館から取り寄せるか、図書館に購入をリクエストできますよ。この「リクエスト申し込み書」に、書名、著者名、出版社名を正確に記入して提出してください。

(申し込み書に記入する。)

ソヨン： これで、いいでしょうか。

図書館司書： はい、結構です。この申し込み書は、取り寄せだけでなく、購入リクエストの申し込みも兼ねているんです。近隣の大学で作る図書館ネットワークがあるんですが、そこから借りる場合は一週間以内に準備できると思います。ただ、近隣の大学にない場合は購入しなければならないので、かなり時間がかかってしまいますが、よろしいでしょうか。

ソヨン： どのくらいかかるんですか。

図書館司書： そうですね。本の種類にもよりますが、早くて三週間、平均で一カ月くらいでしょうか。また本の内容いかんではリクエストを受けられないこともあります。その場合はすぐに連絡しますね。

ソヨン： 分かりました。

図書館司書：では、本が用意できたら、電話で連絡しますので、受け取りに来てください。取り置き期間は連絡日を除いた七開館日になってます。

ソヨン：ということは、連絡をもらってから一週間以内に取りに来ればいいってことですよね？

図書館司書：はい、そうなりますね。

ソヨン：分かりました。ではよろしくお願いします。

본문 해석

[도서관 카운터]

소연 : 저, 『온천의 비밀』이라는 책을 빌리고 싶은데요. 검색해도 나오지 않아서….

도서관 사서 : 그래요? 어쩌면 요코하마(横浜) 캠퍼스에 있을지도 모르니 찾아보겠습니다.

(검색해본다.)

도서관 사서 : 아쉽게도 이 책은 요코하마 캠퍼스에도 없는 것 같네요.

소연 : 꼭 읽고 싶은데, 좋은 방법이 없을까요?

도서관 사서 : 그렇다면 다른 대학교 도서관에 상호대차 신청을 하거나 아니면 도서관에 자료 구입 신청을 할 수 있어요. 여기 '자료 구입 신청서'에 도서명, 저자명, 출판사명을 정확하게 기입해서 제출해 주세요.

(신청서에 기입한다.)

소연 : 이렇게 쓰면 될까요?

도서관 사서 : 네, 됐습니다. 이 신청서는 타대학 상호대차 신청뿐만 아니라 자료 구입 신청도 겸하고 있습니다. 인근 대학들로 구성된 도서관 네트워크가 있는데, 거기에서 빌리는 경우는 일주일 이내에 준비가 가능할 거예요. 다만 인근 대학교에 없는 경우는 구입해야 해서 시간이 꽤 걸리는데 괜찮겠어요?

소연 : 어느 정도 걸릴까요?

도서관 사서 : 글쎄요. 책의 종류에 따라 다르지만 빠르면 3주, 평균적으로 한 달 정도 걸리지 않을까 싶어요. 또 책의 내용 여하에 따라서는 자료 구입 신청이 받아들여지지 않는 경우도 있어요. 그 경우는 곧바로 연락하겠습니다.

소연 : 알겠습니다.

도서관 사서 : 그럼 책이 준비되면 전화로 연락드릴 테니 찾으러 오세요. 책을 보관해 두는 기간은 연락한 날짜를 제외하고 7개관일로 되어 있습니다.

소연 : 그러면 연락을 받고 나서 일주일 이내에 찾으러 오면 된다는 뜻이죠?

도서관 사서 : 네, 그렇습니다.

소연 : 알겠습니다. 그럼 잘 부탁드리겠습니다.

OX 퀴즈

대화문을 다시 듣고 다음의 내용이 맞으면 O, 틀리면 X를 표시해 보세요.

① ソヨンさんが読みたい本は、大学の図書館にありません。
소연 씨가 읽고 싶은 책은 대학교 도서관에 없습니다.

② 購入リクエストをした本は、必ず購入してもらえます。
구입 신청을 한 책은 반드시 구입해 줍니다.

③ 本の取り置き期間は、申請をしてから三週間です。
책을 보관해 두는 기간은 신청하고 나서 3주간입니다.

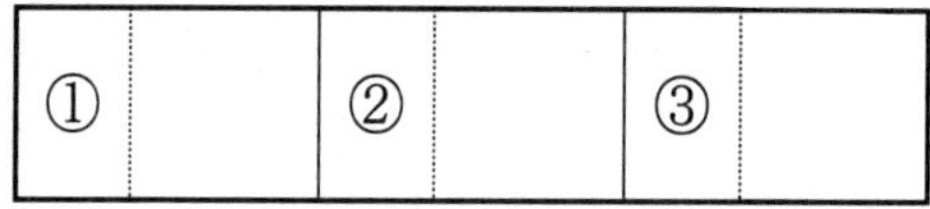

정답

듣기 연습 정답

① 一週間以内に準備ができます。
일주일 이내에 준비가 가능합니다.

② 近隣の大学に本がなかった場合です。
인근 대학교에 책이 없는 경우입니다.

문형 연습 정답

① をかねて
오늘 회식은 환영회와 송별회를 겸하고 있다.

② いかんでは
앞으로의 성적에 따라서는 장학금을 못 받게 될 가능성이 있다.

OX 퀴즈 정답

① O

② X
本の内容いかんではリクエストを受けられない場合もあります。
책의 내용 여하에 따라서 신청이 받아들여지지 않는 경우도 있습니다.

③ X
本の取り置き期間は、電話連絡を受けた日を除いた、七開館日です。
책을 보관해 두는 기간은 전화 연락을 받은 날을 제외하고 7개관일입니다.

Lesson
34

다시 접어야 해

학습 내용

ソヨンさんは伊波君からくす玉の折り方を習うことにしました。なかなか難しそうですが、ソヨンさんはくす玉を完成させることができるのでしょうか。

소연 씨는 이하 군에게 구스다마를 접는 방법을 배우기로 했습니다. 상당히 어려워 보이는데, 소연 씨는 구스다마를 완성할 수 있을까요?

듣기 연습

학습을 시작하기에 앞서 음성 파일을 듣고 다음 질문에 답해보세요.

① 折り紙を三十枚使って作るくす玉は、完成までにどのくらい時間がかかりますか。
색종이 30장을 사용해서 만드는 구스다마는 완성까지 시간이 얼마나 걸립니까?

② パーツの方向が逆になってしまった場合、どうしなければなりませんか。
파트의 방향이 반대로 되었을 경우는 어떻게 해야 합니까?

어휘

丸～	(접두) 전부, 전체
折り目	(명) 접은 금
片側	(명) 한쪽 편
差し込む	(동) 끼워 넣다, 꽂다
組み合わせる	(동) 짜 맞추다, 짝을 짓다
組み立てる	(동) 조립하다
垂直	(명/な형) 수직
とがる	(동) 뾰족해지다

주요 문형

1 ~ともなると　~가 되면/~하게 되면

三十枚<u>ともなると</u>、丸一日かかるんじゃない？
30장이나 되면 꼬박 하루 걸리지 않아?

명+ともなると

- ‘AともなるとB(A가 되면 B)’는 ‘A라는 수준에 달하면 당연히 B라는 상태가 된다’라는 의미이다.
- 수준이 높은 것을 나타내는 말이나 특별한 상황을 나타내는 말과 함께 사용한다.

예문

① 反抗期ともなると、親の言うことを聞かなくなる。
반항기가 되면 부모가 하는 말을 듣지 않게 된다.

② さすがに部長ともなると、かなりの権限を持っている。
역시 부장이 되면 상당한 권한을 갖게 된다.

③ 人気アーティストともなると、ライブのチケットを取るのが難しくなる。
인기 아티스트가 되면 공연 티켓을 구하기가 어려워진다.

2 ～つもりだった　～할 생각이었다

同じ方向に折ったつもりだったんだけど…。
같은 방향으로 접었다고 생각했는데….

동(기본형)/동(ない형)ない/동(た형)/명の＋つもりだった
- 실제로는 실현되지 않은 의도를 나타낸다.

예문

① 一時間だけ寝るつもりだったのに、起きたら朝になっていた。
한 시간만 잘 생각이었는데 일어났더니 아침이 되어 있었다.

② 嫌みを言ったつもりだったのに、全然通じていなかったようだ。
비아냥거린 거였는데 전혀 통하지 않은 것 같았다.

③ 一生独身のつもりだったのに、なぜか結婚することになってしまった。
평생 독신으로 지낼 작정이었는데 어쩌다 결혼하게 되었다.

문형 연습

① 中学生(　　　　　　)一人で留守番ができるようになる。

② 今日はお酒を飲まない(　　　　　　)のに、誘惑に負けてしまった。

본문

[カフェ]

ソヨン：うわあ、きれい。このくす玉、全部伊波くんが作ったの？

伊波：うん、そうなんだ。これは六枚、これは十二枚、これは三十枚で作れるよ。

ソヨン：三十枚ともなると、丸一日かかるんじゃない？

伊波：いや、さすがにそこまではかからないよ。二時間ぐらいあれば十分折れると思うけど…。良かったら、ソヨンさんも作ってみる？

ソヨン：うん。まずは六枚に挑戦してみようかな。

伊波：じゃあ、折り紙を半分に折って、折り目を付けた後、これを開いて、真ん中の線に合わせて両側を半分に折るんだ。

ソヨン：これでいい？

伊波：そうそう。漢字の川の字みたいになったでしょ？そしたらそれを開いて左の端と右の端を一本目の線に合わせて三角に折ってみて。

ソヨン：できた！

伊波：次は、もう一度真ん中の線に合わせて片側を半分に折って、小さい三角の隣に大きい三角を折るよ。

ソヨン：こんな感じかな？

伊波：そうそう。で、反対側も同じように折ってね。次に、大きい三角が小さい三角の下に来るように差し込んだらパーツは完成！これを六つ作ってみて。

ソヨン：うん。

(間違えて折る。)

伊波：あれっ、このパーツは方向が逆になってるね。これだと組み合わせられなくなっちゃうから、もう一度折り直さないといけないよ。

ソヨン：あれ、本当だ。全部同じ方向に折ったつもりだったんだけど…。

（パーツを六つ折り終わる。）

ソヨン：折り終わったよ。

伊波：そしたら、まずこうやって折り目を付けてみて。折り目を付けると組み立てやすくなるんだ。

ソヨン：うん。

伊波：これを垂直に組み合わせるんだけど、ポケットにとがった部分を差し込むよ。

ソヨン：こうかな？

伊波：そうそう。こうやって組み合わせて行くと、だんだん四角い形になっていくんだ。

ソヨン：わあ、本当だ。ちょっと自分でやってみるね。

伊波：うん。やってみて。

ソヨン：できた！

伊波：おお、完成したね。じゃあ、次は十二枚に挑戦してみよっか？

ソヨン：うん。そうしよう。

본문 해석

[카페]

소연 : 와, 예쁘다. 이 구스다마(くす玉), 전부 이하 군이 만들었어?

이하 : 응, 내가 만들었어. 이건 6장, 이건 12장, 이건 30장으로 만들 수 있어.

소연 : 30장이나 되면 꼬박 하루 걸리지 않아?

이하 : 아니, 그정도는 안 걸려. 2시간 정도면 충분히 접을 수 있을 거라 생각하는데…. 괜찮으면 소연 씨도 만들어 볼래?

소연 : 응. 우선 6장에 도전해 볼까.

이하 : 그럼, 색종이를 반으로 접어서 접은 선을 만든 다음, 이걸 펴서 정가운데 선에 맞춰서 양쪽을 반으로 접는 거야.

소연 : 이렇게 하면 돼?

이하 : 맞아. 한자의 '천(川)'자처럼 됐지? 다음에는 그걸 펴서 왼쪽 끝과 오른쪽 끝을 첫번째 선에 맞춰서 삼각형 모양으로 접어봐.

소연 : 됐다!

이하 : 다음은 다시 한번 정가운데 선에 맞춰서 한쪽을 반으로 접어서 작은 삼각 옆에 큰 삼각을 접어.

소연 : 이렇게?

이하 : 그래 맞아. 그리고 반대쪽도 마찬가지로 접어. 다음에 큰 삼각이 작은 삼각 아래에 오도록 끼우면 파트가 완성! 이걸 6개 만들어 봐.

소연 : 응.

(잘못 접는다.)

이하 : 어, 이 파트는 방향이 반대야. 이렇게 하면 맞출 수가 없게 되니까 다시 접어야 해.

소연 : 어, 그러네. 전부 같은 방향으로 접었다고 생각했는데….

(파트를 6개 다 접는다.)

소연 : 다 접었어.

이하 : 그러면 우선 이렇게 접어서 선을 만들어 봐. 접었다 펴서 선을 만들면 조립하기가 쉬워져.

소연 : 응.

이하 : 이걸 수직으로 조립하는데 포켓에 뾰족한 부분을 넣어.

소연 : 이렇게?

이하 : 맞아. 이렇게 짜 맞추어 나가면 점점 정육면체 모양이 되는 거야.

소연 : 와, 정말이네. 내가 해볼게.

이하 : 응. 해 봐.

소연 : 됐다!

이하 : 오, 완성했네. 그럼 다음은 12장에 도전해 볼까?

소연 : 응. 그러자.

OX 퀴즈

대화문을 다시 듣고 다음의 내용이 맞으면 O, 틀리면 X를 표시해 보세요.

① まず二人は折り紙を十二枚使って作るくす玉を作ることにしました。
우선 두 사람은 색종이를 12장 사용해서 만드는 구스다마를 만들기로 했습니다.

② まず折り紙を半分に折った後、折り目を付けて、左の端と右の端を三角に折ります。
우선 색종이를 반으로 접은 다음, 접었다 펴서 선을 만든 후에 왼쪽 끝과 오른쪽 끝을 삼각형 모양으로 접습니다.

③ パーツを折り終わったら、組み立てる前に折り目を付けます。
파트 만들기가 끝나면 조립하기 전에 접은 선을 만듭니다.

①		②		③	

정답

듣기 연습 정답

① 二時間ぐらいかかります。
두 시간 정도 걸립니다.

② もう一度折り直さなければなりません。
다시 접어야 합니다.

문형 연습 정답

① ともなると
중학생이 되면 혼자서도 집을 볼 수 있게 된다.

② つもりだった
오늘은 술을 먹지 않을 생각이었는데 유혹에 지고 말았다.

OX 퀴즈 정답

① X
二人は折り紙を六枚使って作るくす玉を作ることにしました。
두 사람은 색종이를 6장 사용해서 만드는 구스다마를 만들기로 했습니다.

② X
まず折り紙を半分に折って、折り目を付けた後、これを開いて、真ん中の線に合わせて両側を半分に折ります。
우선 색종이를 반으로 접어서 접은 선을 만든 다음 이것을 펴서 정가운데 선에 맞춰 양쪽을 반으로 접습니다.

③ O

분라쿠가 뭔지 알아?

사진 제공 : Moriguchi Sonoko

학습 내용

ソヨンさんは、佐藤(さとう)さんに文楽(ぶんらく)を知(し)っているかどうか聞(き)かれました。文楽(ぶんらく)とはいったいどのようなものなのでしょうか。
사토 씨는 소연 씨에게 분라쿠를 알고 있는지 물어봅니다. 분라쿠란 대체 어떤 것일까요?

듣기 연습

학습을 시작하기에 앞서 음성 파일을 듣고 다음 질문에 답해보세요.

① 三大古典芸能(さんだいこてんげいのう)とは、何(なん)のことをいいますか。
3대 고전예능이란 무엇을 말합니까?

② 人形遣(にんぎょうつか)いはどのように役割(やくわり)が分担(ぶんたん)されていますか。
닌교츠카이는 어떻게 역할을 분담합니까?

어휘

文楽(ぶんらく)	(명) 분라쿠, 에도시대에 생겨난 인형극, 닌교조루리(人形浄瑠璃)
並(なら)ぶ	(동) 줄을 서다, 나란히 서다
語(かた)り	(명) 극 등에서 내용이나 장면을 설명하는 것, 사설
人形遣(にんぎょうつか)い	(명) 닌교츠카이, 인형을 조종하는 사람
~がかり	(명) 인원수・일수를 나타내는 말과 함께 사용하여 그만큼의 숫자가 필요함을 나타냄
かしら	(명) 머리, 두부
客席(きゃくせき)	(명) 객석
分(ぶん)	(명) 몫

주요 문형

1 ~ながら ~지만/~나마

<u>残念ながら</u>、下駄は客席からは見えないんだ。

아쉽게도 게타는 객석에서는 보이지 않아.

동(ます형)/동(ない형)ない/い형/な형어간/명/부+ながら

- '~ではあるけれども(~기는 하지만)'라는 의미의 관용 표현으로 사용한다.

예	
いつもながら	한결같이/언제나/항상
今さらながら	새삼스럽지만
遅ればせながら	뒤늦게나마
遅まきながら	뒤늦게나마
及ばずながら	미흡하나마
僭越ながら	외람되지만
恥ずかしながら	부끄럽지만
我ながら	스스로 생각해도/내가 생각해도

- '~ながら'는 '~けれども(~이지만)' '~のに(~인데)'라는 역접의 의미로도 사용할 수 있다.

예 このスピーカーは小型ながら素晴らしい音が出る。
이 스피커는 소형이지만 좋은 소리가 난다.

예문

① 微力ながら、お手伝いさせていただきます。
미력하나마 돕도록 하겠습니다.

② 不本意ながら、彼らの要求に従うしかなかった。
본의는 아니지만 그들의 요구에 따를 수밖에 없었다.

③ 誠に勝手ながら、本日は臨時休業とさせていただきます。
대단히 죄송하지만 금일은 임시휴업하겠습니다.

2 ～やいなや　～하자마자

発売するやいなやチケットが売り切れることも多い。
판매를 시작하자마자 표가 매진되는 경우도 많다.

동(기본형)+やいなや

- '～と同時に(～와 동시에)'라는 의미이다.
- 문어체로 사용하는 경우가 많다.

예문

① 演奏が終わるやいなや、大きな拍手がわき起こった。
연주가 끝나자마자 큰 박수가 터져 나왔다.

② 病院に到着するやいなや、すぐに手術室に運び込まれた。
병원에 도착하자마자 곧바로 수술실로 실려 갔다.

③ のれんをくぐるやいなや、「いらっしゃいませ」という声が聞こえてきた。
가게 안으로 들어서자마자 "어서 오세요"라는 목소리가 들려왔다.

문형 연습

① 今さら(　　　　　　)、彼女にお金を貸したことを後悔している。

② デビューする(　　　　　　)、大スターになってしまった。

■ 본문

[佐藤さんの家]

佐藤：ねえねえ、ソヨンさん。文楽って知ってる？

ソヨン：文楽ですか。初めて聞きました。

佐藤：歌舞伎や能と並ぶ三大古典芸能の一つなんだけど、三味線の演奏と、語りに合わせて演じる人形芝居を文楽とか、人形浄瑠璃というんだ。

ソヨン：語りに合わせて演じるというということは、人形を動かしている人はしゃべらないんですか。

佐藤：うん。人形を動かす人は、「人形遣い」っていうんだけど、「太夫」という人が状況とかセリフを全て語ってくれるから、人形遣いはしゃべる必要がないんだ。

ソヨン：へえ、そうなんですか。

佐藤：それに、人形も三人がかりで動かしたりするんだよ。

ソヨン：えっ、三人がかりですか。それは大変ですね。そんなに大きい人形なんですか。

佐藤：いや、人形自体は小さいんだけど、細かい動きを出すために、かしらと右手を動かす「主遣い」、足を動かす「足遣い」、左手を動かす「左遣い」の三人で一つの人形を動かすんだ。

ソヨン：へえ。面白いですね。

佐藤：しかもね、主遣いは舞台下駄という高い下駄を履いているの。

ソヨン：下駄ですか。面白いですね。

佐藤：まあ残念ながら、下駄は客席からは見えないんだけどね。

ソヨン：そうなんですか。残念ですね…。

佐藤：興味あったら、ソヨンさんも、一緒に行かない？

ソヨン：えっ、いいんですか？ぜひ行きたいです。

佐藤：来週チケットが発売されるんだけど、ソヨンさんの分も私が取っておくよ。東京公演は、発売するやいなやチケットが売り切れちゃうことも多いから。

ソヨン：わあ、ありがとうございます。

본문 해석

[사토 씨의 집]

사토 : 저기, 소현 씨. 분라쿠(文楽)라고 알아?

소연 : 분라쿠요? 처음 들었어요.

사토 : 가부키(歌舞伎)랑 노(能)와 함께 3대 고전예능의 하나인데, 샤미센 연주와 사설에 맞춰서 연기하는 인형극을 분라쿠 또는 닌교조루리(人形浄瑠璃)라고 해.

소연 : 사설에 맞춰 연기한다는 것은 인형을 움직이는 사람은 말을 하지 않는 건가요?

사토 : 응. 인형을 움직이는 사람은 '닌교츠카이(人形遣い)'라고 하는데, '타유(太夫)'라는 사람이 상황이나 대사를 전부 말해 주니까 닌교츠카이는 말할 필요가 없어.

소연 : 아, 그렇군요.

사토 : 게다가 인형을 세 명이 같이 움직이거든.

소연 : 어, 세 명이 같이요? 그건 힘들겠네요. 그렇게 인형이 커요?

사토 : 아니, 인형 자체는 작은데 세밀한 움직임을 표현하기 위해서 머리와 오른손을 조작하는 '오모즈카이(主遣い)', 다리를 움직이는 '아시즈카이(足遣い)', 왼손을 움직이는 '히다리즈카이(左遣い)' 이렇게 세 명이 인형 하나를 조작해.

소연 : 아, 재미있네요.

사토 : 게다가 오모즈카이는 부타이 게타(舞台下駄)라는 높은 게타를 신고 있어.

소연 : 게타요? 재미있네요.

사토 : 뭐 아쉽게도 게타는 객석에서 보이지 않지만.

소연 : 그래요? 아쉽네요….

사토 : 관심 있으면 소연 씨도 같이 가볼래?

소연 : 어, 저도 가도 돼요? 꼭 가보고 싶어요.

사토 : 다음주에 표를 판매하기 시작하는데 소연 씨 표도 내가 사둘게. 도쿄 공연은 판매를 시작하자마자 표가 매진되는 경우도 많으니까.

소연 : 와, 감사합니다.

Tip

게타란 일본 고유의 나막신을 말합니다.

OX 퀴즈

대화문을 다시 듣고 다음의 내용이 맞으면 O, 틀리면 X를 표시해 보세요.

① 人形を動かす人は、人形遣いといいます。
인형을 움직이는 사람을 닌교츠카이라고 합니다.

② 足遣いは、舞台下駄という高い下駄を履いています。
아시즈카이는 부타이 게타라는 높은 게타를 신고 있습니다.

③ 東京公演のチケットは、発売するとすぐに売り切れてしまう可能性が高いです。
도쿄 공연의 표는 발매되면 금방 매진되어 버릴 가능성이 높습니다.

①		②		③	

정답

듣기 연습 정답

① 歌舞伎と能と文楽のことをいいます。
가부키와 노와 분라쿠를 말합니다.

② 主遣い、足遣い、左遣いの三つに役割が分担されています。
오모즈카이, 아시즈카이, 히다리즈카이 세 가지로 역할을 분담하고 있습니다.

문형 연습 정답

① ながら
새삼스럽지만 그녀에게 돈을 빌려준 것을 후회하고 있다.

② やいなや
데뷔하자마자 대스타가 되어 버렸다.

OX 퀴즈 정답

① O

② X
主遣いが、舞台下駄という高い下駄を履いています。
오모즈카이가 부타이 게타라는 높은 게타를 신고 있습니다.

③ O
東京公演のチケットは、発売するやいなや売り切れてしまうことが多いです。
도쿄 공연의 표는 발매가 되자마자 매진되어 버리는 경우가 많습니다.

Lesson
36

전철에 두고 온 것 같아

학습 내용

ソヨンさんは電車の中に紙袋を置いたまま降りてしまったようです。無事に、紙袋を取りに行くことができるでしょうか。

소연 씨는 전철 안에 쇼핑백을 둔 채 내린 것 같습니다. 무사히 쇼핑백을 찾으러 갈 수 있을까요?

듣기 연습

학습을 시작하기에 앞서 음성 파일을 듣고 다음 질문에 답해보세요.

① ソヨンさんの乗っていた電車は横浜駅を何時に出ましたか。
소연 씨가 탄 전철은 요코하마역을 몇시에 출발했습니까?

② ソヨンさんは電車のどこに紙袋を置き忘れましたか。
소연 씨는 전철 어디에 쇼팽백을 두고 왔습니까?

어휘

網棚	(명) 기차・버스 등의 선반
置き忘れる	(동) 잊어버리고 두고 오다
確か	(부) 분명히, 아마
~両	(접미) ~량
定か	(な형) 확실함, 분명함
向かう	(동) 향하다
先ほど	(명/부) 조금 전, 아까
休講	(명/スル) 휴강

주요 문형

1 ～こと(は)ない ～할 필요는 없다

見つかるから心配することないって。
찾을 수 있으니까 걱정할 필요 없어.

동(기본형)+こと(は)ない
- '～する必要はない(～할 필요는 없다)'라는 의미이다.
- 상대의 행동을 부정하는 표현이다.
- 충고를 할 때 사용한다.

예문

① いくらむかついたからって、何もそこまで言うことはないだろう。
아무리 열받았다고 해도 그렇게까지 말할 건 없을 텐데.

② ただのアルバイトなんだから、そこまで一生懸命やることはない。
그냥 아르바이트니까 그렇게까지 열심히 할 필요는 없다.

③ まだ締め切りまで一ヶ月もあるんだから、そんなに焦ることはないよ。
아직 마감까지 한달이나 있으니까 그렇게 초조해할 필요는 없어.

2 ~しだい　~(하는) 대로

見つかり次第ご連絡致します。
찾는 대로 연락드리겠습니다.

동(ます형)+しだい

- 'AしだいB(A하는 대로 B)'는 'A가 실현되면 바로 B를 하겠다'라는 의미이다.
- 격식을 차린 표현이다.

예문

① また新たな情報が入り次第、お伝えします。
또 새로운 정보가 들어오는 대로 전달하겠습니다.

② 定員になり次第、締め切りとさせていただきます。
정원이 차면 바로 마감하도록 하겠습니다.

③ 複数の商品を一緒にご購入された場合、全ての商品が揃い次第発送いたします。
여러 상품을 같이 구입하신 경우, 모든 상품이 준비되는 대로 발송하겠습니다.

문형 연습

① 詳細が分かり(　　　　　　)、ご連絡いたします。

② 何も、あなたが責任を感じる(　　　　　　)。

본문

[公園]

伊波： あっ、ソヨンさん。温泉どうだった？

ソヨン： すごくよかった！お土産に温泉まんじゅう買ってきたよ。

伊波： わあ、ありがとう。

ソヨン： あれっ？ないっ！お土産、電車の中に置いてきちゃったみたい。

伊波： えっ、そうなの？今すぐ電話で問い合わせた方がいいよ。

ソヨン： 見つかるかな？

伊波： うん。見つかるから心配することないって。

[電話]

ソヨン： あのう、すみません。白い紙袋を電車の網棚の上に置き忘れてしまったみたいなんですが。

駅員： そうですか。ご乗車になったのは何時頃の電車ですか。

ソヨン： 品川で乗って、横浜で降りたんですが、確か横浜に着いたのが三時十分頃だったと思います。

駅員： そうすると、三時十三分横浜発の熱海行きの電車ですかね。

ソヨン： あっ、はい。多分そうだと思います。

駅員： 何両目に乗っていたか覚えていますか。

ソヨン： えーっと、あまり記憶が定かではないんですが、前から三両目か四両目じゃないでしょうか…。

駅員： 分かりました。それと左側の網棚か、右側の網棚かも教えてもらえますか。

ソヨン： えーっと、進行方向に向かって左側の網棚です。

駅員： そうですか。お忘れになったのは、白い紙袋ということでしたが、何か特徴はありますか。

ソヨン：紙袋には特に何も書かれていないんですが、中に温泉まんじゅうが入っています。

駅員：そうですか。そうしましたら、見つかり次第ご連絡致しますので、お名前とお電話番号をお願いできますか。

ソヨン：名前はキム・ソヨンです。電話番号は080-1234-5678です。

駅員：分かりました。

[電話]

駅員：もしもし、キムさんでいらっしゃいますか。

ソヨン：はい。

駅員：先ほどのお忘れ物の件なんですが、途中駅の大船駅で預かっているとのことです。どうされますか。

ソヨン：では、直接取りにうかがいます。

駅員：そうしましたら、大船駅の駅長室に行って事情を話してください。

ソヨン：分かりました。ありがとうございました。

[公園]

伊波：あったって？

ソヨン：うん。早速大船駅に取りに行ってくるよ。

伊波：じゃあ、一緒に行くよ。

ソヨン：いや、それはちょっと悪いよ。

伊波：大丈夫。そんな遠くないから。それに今日は授業が休講になったんだ。

ソヨン：そうなの？じゃあ、一緒に行ってもらおうかな？

본문 해석

[공원]

이하 : 아, 소연 씨, 온천은 어땠어?

소연 : 굉장히 좋았어! 선물로 온천 만주(まんじゅう) 사왔어.

이하 : 와, 고마워.

소연 : 어라? 없어! 선물을 전철에 두고 온 것 같아.

이하 : 어, 그래? 지금 바로 전화로 문의해보는 게 좋을 거야.

소연 : 찾을 수 있을까?

이하 : 응. 찾을 수 있으니까 걱정할 필요 없어.

[전화]

소연 : 여보세요, 흰색 쇼핑백을 전철 선반 위에 놓고 잊어버리고 온 것 같은데요.

역무원 : 그러세요. 승차하신 것이 몇시쯤 전철이었습니까?

소연 : 시나가와(品川)에서 타고 요코하마(横浜)에서 내렸는데 요코하마에 도착한 것이 제 기억으로는 3시 10분쯤이었던 것 같아요.

역무원 : 그렇다면 3시 13분 요코하마 출발 아타미(熱海)행 전철이겠네요.

소연 : 아, 네. 아마 그런 것 같아요.

역무원 : 몇 번째 칸에 타셨는지 기억하세요?

소연 : 음, 기억이 별로 정확하지는 않은데 앞에서 세 번째나 네 번째가 아닐까 싶은데요….

역무원 : 알겠습니다. 그리고 왼쪽 선반인지 오른쪽 선반인지도 알려주시겠어요?

소연 : 음, 진행 방향을 바라보고 왼쪽 선반이에요.

역무원 : 그렇군요. 잃어버리신 물건이 흰색 쇼핑백이라고 하셨는데 뭔가 특징이 있습니까?

소연 : 쇼핑백에는 아무것도 쓰여 있지 않은데요, 안에는 온천 만주가 들어 있어요.

역무원 : 그렇군요. 그러면 찾는 대로 연락드릴 테니 이름과 전화번호를 알려주시겠어요?

소연 : 이름은 김소연입니다. 전화번호는 080-1234-5678입니다.

역무원 : 알겠습니다.

[전화]

역무원 : 여보세요, 김소연 씨 되시죠?

소연 : 네.

역무원 : 좀전에 문의하신 분실물에 관한 것인데요, 중간 역인 오후나(大船)역에서 맡아두었다고 합니다. 어떻게 하시겠어요?

소연 : 그럼 직접 찾으러 가겠습니다.

역무원 : 그러시면 오후나역의 역장실로 가서 사정을 말씀하세요.

소연 : 알겠습니다. 감사합니다.

[공원]

이하 : 있대?

소연 : 응. 곧장 오후나역에 찾으러 갔다올게.

이하 : 그럼 같이 갈게.

소연 : 아니야, 그건 좀 미안하잖아.

이하 : 괜찮아. 그렇게 멀지 않으니까. 게다가 오늘은 수업이 휴강됐어.

소연 : 그래? 그럼 같이 가줄래?

OX 퀴즈

대화문을 다시 듣고 다음의 내용이 맞으면 O, 틀리면 X를 표시해 보세요.

① ソヨンさんは、熱海行きの電車に乗りました。
소연 씨는 아타미행 전철에 탔습니다.

② 忘れ物が見つかったら、駅員から連絡が来ることになっています。
분실물을 찾으면 역무원이 연락을 주기로 했습니다.

③ ソヨンさんは、横浜駅の駅長室に忘れ物を取りに行きます。
소연 씨는 요코하마역의 역장실로 분실물을 찾으러 갑니다.

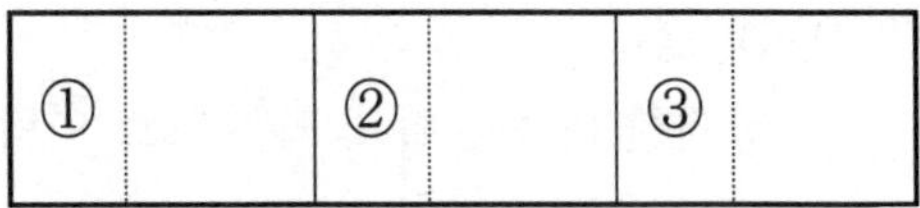

정답

듣기 연습 정답

① 三時十三分です。

3시 13분입니다.

② 三両目か、四両目の車両で、進行方向に向かって左側の網棚に置き忘れました。

세 번째인가 네 번째 차량이고, 진행 방향을 바라보고 왼쪽 선반에 두고 왔습니다.

문형 연습 정답

① 次第

상세한 내용을 알게 되는 대로 연락드리겠습니다.

② ことはない

네가 책임을 느낄 필요는 전혀 없다.

OX 퀴즈 정답

① O

② O

忘れ物が見つかり次第、駅員から連絡が来ることになっています。

분실물을 찾는 대로 역무원이 연락을 주기로 했습니다.

③ X

ソヨンさんは、大船駅の駅長室に忘れ物を取りに行きます。

소연 씨는 오후나역의 역장실로 분실물을 찾으러 갑니다.

Lesson

37

무슨 말인지 도무지 모르겠어

사진 제공 : Cao Wenkai

학습 내용

ソヨンさんは伊波君(いはくん)に誘(さそ)われて、留学生(りゅうがくせい)向(む)けの文化体験講座(ぶんかたいけんこうざ)に参加(さんか)することにしました。今日(きょう)のテーマは「百人一首(ひゃくにんいっしゅ)」です。一緒(いっしょ)に聞(き)いてみましょう。

소연 씨는 이하 군의 권유로 유학생 대상의 문화체험 강좌에 참가하기로 했습니다. 오늘의 주제는 '백인일수' 입니다. 함께 들어봅시다.

듣기 연습

학습을 시작하기에 앞서 음성 파일을 듣고 다음 질문에 답해보세요.

① 百人一首(ひゃくにんいっしゅ)とはどういう意味(いみ)ですか。
백인일수란 어떤 의미입니까?

② 取(と)り札(ふだ)には何(なに)が書(か)かれていますか。
도리후다(집는 카드)에는 뭐가 적혀 있습니까?

어휘

詩歌(しいか)	(명) 시가, 와카(和歌), 하이쿠(俳句)
和歌(わか)	(명) 와카, 일본 고유의 시, 특히 단카(短歌)를 말함
親(した)しむ	(동) 친하게 지내다, 가까이 하다
上(かみ)の句(く)	(명) 상구
下(しも)の句(く)	(명) 하구
ちんぷんかんぷん	(명/な형) 종잡을 수 없음, 종잡을 수 없는 말
遊具(ゆうぐ)	(명) 놀이 도구
僧侶(そうりょ)	(명) 승려

■ 주요 문형

1 ～むけ ～대상

これは大人向けの遊具なんですか。

이것은 어른용 놀이 도구인가요?

명+むけ

- '～を対象にした(～을 대상으로 한)'라는 의미이다.
- 대상을 나타낼 때 사용한다.
- '명+むけに(～을 대상으로 해서/～용으로)'라는 형태도 있다.

  예 このテキストは初心者向けに書かれている。

  이 텍스트는 초보자용으로 만들어졌다.

- '명+むき'는 '～に適している(～에 적합하다)'라는 의미이다.

  예 彼女は研究者向きの性格である。

  그녀는 연구자에 적합한 성격이다.

예문

① 娘は、子ども向けの英会話教室に通っている。
딸아이는 아이들 대상의 영어회화 학원에 다니고 있다.

② 外国人向けの情報誌は、やさしい日本語で書かれている。
외국인 대상의 정보지는 쉬운 일본어로 쓰여 있다.

③ 最近は、保護者向けの会社説明会を開く会社もあるそうだ。
최근에는 부모를 대상으로 한 회사설명회를 개최하는 회사도 있다고 한다.

2 ~のみならず　~뿐만 아니라

大人のみならず、小学校高学年ぐらいの子どもでも遊ぶことができる。
어른뿐만 아니라 초등학교 고학년 정도의 아이들도 놀 수가 있다.

동(기본형)/い형(기본형)/な형어간である/명(である)+のみならず

- '~ばかりではなく(~뿐이 아니라)' '~だけでなく(~만이 아니라)'라는 의미이다.
- 넓은 범위까지 포함된다고 말할 때 사용한다.
- 문어체로 사용하는 경우가 많다.

예문

① 花はただ美しいのみならず、人々の心までいやしてくれる。
꽃은 단지 아름답기만 한 것이 아니라 사람들의 마음까지도 치유해준다.

② 役員のみならず、社員が一丸となって問題解決に取り組む。
임원뿐만 아니라 사원들도 하나가 되어 문제해결에 나선다.

③ ダンサーとして活躍するのみならず、美術や照明なども自ら手がけてきた。
댄서로서 활약할 뿐만 아니라 미술이나 조명 등도 직접 담당했다.

문형 연습

① 一人暮らしの学生(　　　　　　)アパートを探しています。

② その俳優は女性ファン(　　　　　　)、男性ファンも多いことで知られている。

본문

[教室]

講師：今日は、百人一首について勉強してみようと思います。皆さん、百人一首ってどんな意味だと思いますか。

ソヨン：百人の人たちが集まって何かをするのではないでしょうか。

講師：残念ですが、ちょっと違います。この「首」というのは詩歌を数えるときに使う言葉なんです。つまり百人一首というのは、百人の人の和歌を一首ずつという意味になります。

百人一首は、十三世紀前半に歌人である藤原定家が選んだ百首の和歌を集めたもので、現在はかるた遊びとして親しまれています。

和歌とは、五七五七七の形式で作られた歌のことです。例えば百人一首の中には、こんな和歌があります。

おくやまに　もみぢふみわけ　なくしかの　こえきくときぞ　あきはかなしき

「おくやまに　もみぢふみわけ　なくしかの」までが上の句、「こえきくときぞ　あきはかなしき」からが下の句ということになります。

ソヨン(ひとりごと)：全くちんぷんかんぷんなんだけど…。

講師：皆さん、おそらく意味がよく分からないだろうと思います。昔の言葉なので、解釈が難しいですよね。でも、今日はかるた遊びをするのが目的なので、意味は分からなくて大丈夫ですよ。「かるた」とは、カードを使った遊具のことです。百人一首は読み札と取り札が一枚ずつペアになっており、それぞれ百枚あります。読み札には和歌全体と作者が書かれ、作者の姿も描かれています。また、取り札にはひらがなで書かれた下の句だけが、書かれています。作者は男性、女性、僧侶に大きく分けることができます。

ソヨン： 先生、これは大人向けの遊具なんですか。

講師： いいえ、大人のみならず、小学校高学年ぐらいの子どもでも十分に遊ぶことができます。また百人一首の和歌を覚えさせれば、古典の入門の教材としても使えるんですよ。

Tip

「奥山に紅葉踏み分け鳴く鹿の声聞く時ぞ秋は悲しき」는 猿丸大夫(사루마루 다유)의 작품입니다.

본문 해석

[교실]

강사 : 오늘은 백인일수(百人一首)에 대해 공부해보려고 합니다. 여러분, 백인일수란 어떤 의미라고 생각하세요?

소연 : 백 명이 모여서 뭔가를 하는 게 아닐까요?

강사 : 비슷하지만 약간 달라요. 여기에서 '수'라는 것은 시가를 셀 때 쓰는 말입니다. 즉 백인일수라는 것은 백 사람의 와카(和歌)를 한 수씩 모았다는 뜻이 됩니다.

백인일수는 13세기 전반의 가인(歌人), 후지와라노 테이카(藤原定家)가 고른 와카 백 수를 모은 것으로, 현재는 카루타(かるた) 놀이로 친숙합니다.

와카란 5・7・5・7・7의 형식으로 만들어진 노래를 말합니다. 예를 들어 백인일수 중에는 이런 와카가 있습니다.

おくやまに　もみぢふみわけ　なくしかの　こえきくときぞ　あきはかなしき
(인적 없는 깊은 산속에서 낙엽을 헤치며 짝을 찾는 사슴의 울음 소리를 들으면 가을의 슬픔이 절로 느껴진다)

'おくやまに　もみぢふみわけ　なくしかの'까지를 상구(上句), 'こえきくときぞ　あきはかなしき'를 하구(下句)라고 합니다.

소연(혼잣말) : 무슨 말인지 도무지 모르겠어….

강사 : 여러분, 아마도 의미가 잘 이해되지 않을 거라 생각합니다. 옛날 말이기 때문에 해석이 어렵죠. 하지만 오늘은 카루타 놀이를 하는 것이 목적이기 때문에 의미는 몰라도 괜찮습니다. '카루타'란 카드를 이용한 놀이 도구를 말합니다. 백인일수는 읽는 카드(요미후다)와 집는 카드(도리후다)가 한 장씩 쌍으로 되어 있고, 각각 백 장이 있습니다. 읽는 카드에는 와카 전체와 작자가 적혀 있고, 작자의 모습도 그려져 있습니다. 그리고 집는 카드에는 히라가나로 하구만 적혀 있습니다. 작자는 남성, 여성, 승려로 크게 나눌 수 있습니다.

소연 : 선생님, 이건 어른용 놀이도구인가요?

강사 : 아니요, 어른뿐만 아니라 초등학교 고학년 정도의 아이들도 충분히 할 수 있습니다. 또 백인일수의 와카를 아이들에게 외우게 하면 고전의 입문 교재로도 활용 가능합니다.

OX 퀴즈

대화문을 다시 듣고 다음의 내용이 맞으면 O, 틀리면 X를 표시해 보세요.

① 百人一首とは藤原定家が作った和歌を集めたものです。
백인일수란 후지와라노 테이카가 지은 와카를 모은 것입니다.

② 百人一首は和歌の意味が分からなくても遊ぶことができます。
백인일수는 와카의 의미를 몰라도 즐길 수 있습니다.

③ 百人一首の読み札は百枚あります。
백인일수의 읽는 카드(요미후다)는 백 장 있습니다.

①		②		③	

정답

듣기 연습 정답

① 百人の人の和歌を一首ずつという意味です。
백 명의 와카를 한 수씩 모았다라는 의미입니다.

② ひらがなで書かれた下の句が書かれています。
하구가 히라가나로 적혀 있습니다.

문형 연습 정답

① 向けの
혼자 사는 대학생을 대상으로 하는 자취방을 찾고 있습니다.

② のみならず
그 배우는 여성 팬만이 아니라 남성 팬도 많은 것으로 알려져 있다.

OX 퀴즈 정답

① X
藤原定家が選んだ和歌を集めたものです。
후지와라노 테이카가 고른 와카를 모은 것입니다.

② O

③ O

Lesson

38

백인일수는 어려워 보여

사진 제공 :Cao Wenkai

학습 내용

百人一首(ひゃくにんいっしゅ)についての説明(せつめい)を聞(き)いた後(あと)、ソヨンさんたちは実際(じっさい)に百人一首(ひゃくにんいっしゅ)でかるた遊(あそ)びをすることになりました。伊波君(いはくん)も、かるた遊(あそ)びができるように手伝(てつだ)ってくれるようです。

백인일수에 대한 설명을 들은 후, 소연 씨와 학생들은 실제로 백인일수로 카루타 놀이를 하게 되었습니다. 이하 군도 카루타 놀이를 할 수 있도록 도와주고 있습니다.

듣기 연습

학습을 시작하기에 앞서 음성 파일을 듣고 다음 질문에 답해보세요.

① 先生(せんせい)はなぜ上(かみ)の句(く)ではなく、下(しも)の句(く)をよく聞(き)くように言(い)いましたか。
선생님은 왜 상구가 아니라 하구를 잘 들으라고 했습니까?

② 現在(げんざい)、使(つか)われていないひらがなにはどのようなものがありますか。
현재 사용되지 않는 히라가나에는 어떤 것이 있습니까?

어휘

聞(き)き流(なが)す	(동) 흘려듣다
耳(みみ)をすます	귀를 기울이다
濁点(だくてん)	(명) 탁음 부호, 탁음임을 나타내는 점
目(め)にする	보다
こんがらがる	(동) 헝클어지다, 얽히다, 헷갈리다
語中(ごちゅう)	(명) 어중, 한 단어의 중간
案(あん)ずる	(동) 걱정하다
頼(たよ)り	(명) 의지함

■ 주요 문형

1 ～ほどのことではない ～할 정도는 아니다

実際(じっさい)にやってみると、心配(しんぱい)するほどのことではない。
실제로 해보면 걱정할 정도는 아니다.

동(기본형)＋ほどのことではない

- '～할 정도까지 대수로운 일은 아니다'라는 의미이다.
- 'こと' 대신에 다른 명사가 오는 경우도 있다.

예 会議(かいぎ)で取(と)り上(あ)げるほどの問題(もんだい)ではない。
회의에서 거론할 정도의 문제는 아니다.

예문

① そこまで大騒(おおさわ)ぎするほどのことではない。
그렇게까지 큰 소동을 벌일 정도는 아니다.

② 報告(ほうこく)するほどのことではないが、念(ねん)のため伝(つた)えておく。
보고할 정도의 일은 아니지만 혹시 몰라서 전달해 둔다.

③ 気持(きも)ちは十分理解(じゅうぶんりかい)できるが、そこまで怒(おこ)るほどのことではない。
마음은 충분히 이해하지만 그렇게까지 화낼 정도의 일은 아니다.

2 ただ～のみ 단지 ~할 뿐이다

ただ実践あるのみ。
그냥 실전이 있을 뿐이다.

ただ+동(기본형)+のみ

- 'ただ~だけだ(단지 ~뿐이다)'라는 의미이다.
- 문어체로 많이 사용한다.
- 'する동사'의 경우, 'ある'가 되는 경우가 많다.

예 ただ努力あるのみだ。
단지 노력이 있을 뿐이다.

예문

① 今はただ彼女の無事を祈るのみだ。
지금은 단지 그녀가 무사하기를 바랄 뿐이다.

② うまくなりたいのであれば、ただ練習あるのみだ。
잘 하고 싶다면 오로지 연습이 있을 뿐이다.

③ もう引き返すことはできない。ただ前進あるのみだ。
이제 돌이킬 수 없다. 다만 전진만이 있을 뿐이다.

문형 연습

① あとはただ本番を待つ(　　　　　)だ。

② 簡単な手術なので、心配する(　　　　　)。

Tip

'本番'이란 영화·TV·라디오 등에서 테스트나 리허설이 아니라 실제로 촬영·방송·녹음을 진행하는 것을 말한다. 일반적으로는 연습이 아니고 정식으로 한다는 의미도 있습니다.

본문

[教室]

講師：では、この時間は百人一首でかるた遊びをしてみようと思います。今から、遊び方を説明しますね。まず、机の上に百枚の取り札を並べてください。私が、上の句、下の句の順に読んでいきます。上の句は聞き流しても構いませんが、下の句は耳をすましてしっかり聞きましょう。なぜだか分かりますよね。そうです。取り札には下の句しか書かれていないからです。

また、取り札について、少し説明します。まず、濁点、つまり点々がありません。次に、現在は使われていないひらがなが出てきます。わ行の「ゐ」と「ゑ」を知っていますか。わ行の「を」は今でも助詞として使われていますが、わ行の「ゐ」と「ゑ」の場合、初めて目にした人も多いのではないでしょうか。わ行の「ゐ」「ゑ」「を」は、あ行の「い」「え」「お」と同じ音になるということに注意してください。

それと、特別な読み方をするものがいくつかあります。例えば「けふ」は「きょう」と、「てふ」は「ちょう」と、「あふ」は「おお」と読みます。

ソヨン：わあ、難しそう…。なんだか頭がこんがらがってきた。

伊波：まあ、なんとかなるって。

講師：また、は行の場合、語中や語尾に出てきたら、わ行で読まなければなりません。つまり「はひふへほ」と書かれていても、「わいうえお」と読むわけです。皆さん、これ以上難しい話は聞きたくないという表情ですね。でも大丈夫です。「案ずるより産むが易し」ということわざがあるように、実際にやってみると、心配するほどのことではなかったりするものです。ただ実践あるのみ。では、一緒にやってみましょう。

まず上の句を読みます。

これやこの　いくもかえるも　わかれては

では、続いて下の句です。

しるもしらぬも　あふさかのせき

ではみなさん、聞こえた音を頼りに取り札を探してみてください。

ソヨン： しるもしらぬも…。あった！

伊波： わあ、さすがソヨンさん、すごいじゃん。この調子で頑張って。

ソヨン： ありがとう。

Tip

「これやこの行くも帰るも別れては知るも知らぬも逢坂の関(여기가 바로 소문으로 듣던 오고 가는 사람들이 헤어졌다가 아는 사람 모르는 사람이 다시 만난다는 관문이구나)」는 蟬丸(세미마루)의 작품입니다.

본문 해석

[교실]

강사 : 그럼 이번 시간에는 백인일수로 카루타 놀이를 해보려고 합니다. 지금부터 놀이방법을 설명하겠습니다. 우선 책상 위에 백장의 집는 카드(도리후다)를 배열해 주세요. 제가 상구, 하구의 순서로 읽어 나가겠습니다. 상구는 흘려들어도 괜찮지만 하구는 귀를 기울여서 확실하게 들으세요. 왜 그런지는 알고 계시죠. 그렇습니다. 집는 카드에는 하구밖에 적혀 있지 않기 때문입니다.

그리고 집는 카드에 대해 잠깐 설명하겠습니다. 우선 '탁점(濁点)', 즉 탁음 부호가 없습니다. 다음으로 현재는 사용되지 않는 히라가나가 나옵니다. わ행의 'ゐ'와 'ゑ'를 아세요? わ행의 'を'는 지금도 조사로 사용되고 있지만 わ행의 'ゐ'와 'ゑ'의 경우는 처음 보는 사람도 많지 않을까요? わ행의 'ゐ' 'ゑ' 'を'는 あ행의 'い' 'え' 'お'와 발음이 같다는 것에 주의하시기 바랍니다.

그리고 특별하게 읽는 것이 몇 개 있습니다. 예를 들어 'けふ'는 'きょう'라고, 'てふ'는 'ちょう'라고, 'あふ'는'おお'라고 읽습니다.

소연 : 와, 어려워 보여…. 머리가 복잡해졌어.

이하 : 뭐, 해보면 알 거야.

강사 : 또 は(하)행의 경우, 단어 중간이나 어미에 나오면 わ(와)행으로 읽어야 합니다. 즉 'はひふへほ(하히후헤호)'라고 쓰여 있어도 'わいうえお(와이우에오)'라고 읽는 겁니다. 여러분, 어려운 얘기는 더 이상 듣고 싶지 않다는 표정이네요. 하지만 괜찮습니다. '사람들이 미리 걱정을 하지만 막상 해보면 생각보다 쉬운 법이다'라는 속담이 있듯이 실제로 해보면 걱정할 정도는 아니었다 싶을 거예요. 그냥 해보면 알 수 있습니다. 그럼 같이 해보도록 할까요?

먼저 상구를 읽겠습니다.

これやこの　いくもかえるも　わかれては

그럼 이어서 하구입니다.

しるもしらぬも　あふさかのせき

그러면 여러분, 들은 음을 기억하면서 카드를 찾아보세요.

소연 : しるもしらぬも…。 이거다!

이하 : 와, 역시 소연 씨, 굉장한데. 이 기세로 열심히 해봐.

소연 : 고마워.

OX 퀴즈

대화문을 다시 듣고 다음의 내용이 맞으면 O, 틀리면 X를 표시해 보세요.

① わ行の「ゐ」「ゑ」「を」の発音はあ行の「い」「え」「お」と同じです。
わ행의 'ゐ' 'ゑ' 'を'의 발음은 あ행의 'い' 'え' 'お'와 같습니다.

② 「けふ」は「ちょう」、「てふ」は「きょう」と読みます。
'けふ'는 'ちょう', 'てふ'는 'きょう'라고 읽습니다.

③ 「はひふへほ」は語中や語尾では「わいうえお」と読みます。
'はひふへほ(하히후헤호)'는 단어 중간이나 어미에서는 'わいうえお(와이우에오)'라고 읽습니다.

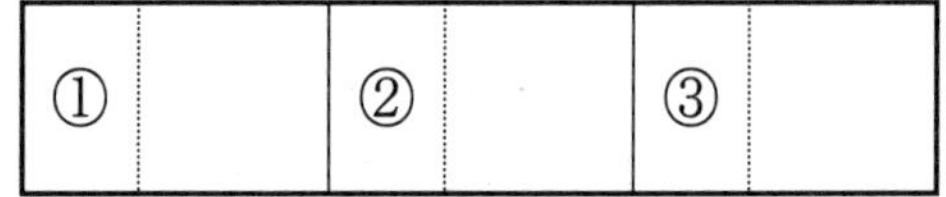

①		②		③	

정답

듣기 연습 정답

① 取り札には、下の句しか書かれていないからです。
도리후다(집는 카드)에는 하구밖에 쓰여 있지 않기 때문입니다.

② わ行の「ゐ」と「ゑ」です。
わ행의 'ゐ'와 'ゑ'입니다.

문형 연습 정답

① のみ
이제는 촬영이 시작되기를 기다릴 뿐이다.

② ほどのことではない
간단한 수술이므로 걱정할 정도는 아니다.

OX 퀴즈 정답

① O

② X

「けふ」は「きょう」、「てふ」は「ちょう」と読みます。
'けふ'는 'きょう', 'てふ'는 'ちょう'라고 읽습니다.

③ O

열심히 하겠습니다

사진 제공 : Matsuura Sakiko

학습 내용

ソヨンさんは、デパートの催事場で短期アルバイトをすることにしました。ソヨンさんは、日本で働くのが初めてなので、ちょっと心配しているようです。
소연 씨는 백화점 행사장에서 단기 아르바이트를 하기로 했습니다. 소연 씨는 일본에서 일하는 것이 처음이라 조금 걱정하고 있는 것 같습니다.

듣기 연습

학습을 시작하기에 앞서 음성 파일을 듣고 다음 질문에 답해보세요.

① 「かしこまりました」というのは、どういう意味ですか。
'かしこまりました'라는 말은 어떤 의미입니까?

② お客様に少しでもお待ちいただいた時、販売員は何と言えばいいですか。
고객을 잠시라도 기다리게 했을 때, 판매원은 뭐라고 말하면 됩니까?

어휘

催事場(さいじじょう)	(명) 행사장
傾ける(かたむける)	(동) 기울이다
ご用命(ようめい)	(명) 주문을 받음
承る(うけたまわる)	(동) 引き受ける(책임지고 맡다), 承諾する(승낙하다)의 겸양어 I
やむを得ず	어쩔 수 없이, 부득이하게
恐縮(きょうしゅく)	(명/スル) 죄송하게 여김, 황송
ほんの	(연체) 그저 명색뿐인, 보잘것없는
使いこなす(つかいこなす)	(동) 충분히 활용하다

주요 문형

1 ～にあたって ～할 때에/～하는 데/～에 즈음하여

接客するにあたって必要な基本的な用語をいくつか教える。
고객을 응대하는 데 필요한 기본적 용어를 몇 가지 알려주다.

동(기본형)/명+にあたって

- '～する時に(～할 때에)' '～する際に(～할 때에)'라는 의미이다.
- 문어체로 사용하는 경우가 많다.
- '～にあたり(～에 즈음하여)'도 같은 의미이지만 '～にあたって'보다 격식을 차린 표현이다.

예 就任にあたり、皆さまにご挨拶申し上げます。
취임에 즈음하여 여러분께 인사드립니다.

예문

① 入社にあたっての決意を表明する。
입사에 즈음하여 결의를 표명하다.

② 引っ越しにあたって、家具を処分する。
이사를 맞이하여 가구를 처분하다.

③ 試験を受けるにあたって、注意事項をしっかり読む。
시험을 칠 때 주의사항을 확실하게 읽다.

2 ～というものではない ～라는 것은 아니다

習(なら)ったからといってすぐに使(つか)えるというものではない。
배웠다고 해서 금방 쓸 수 있게 되는 것은 아니다.

동(보통형)/い형(보통형)/な형(보통형)/명(보통형)+というものではない
- '~とはいえない(~라고는 할 수 없다)'라는 의미이다.
- 어떤 사고방식에 대해서 그것이 전부 타당하다고는 할 수 없다는 의미이다.

예문

① 情報(じょうほう)は多(おお)ければ多(おお)いほどいいというものではない。
정보가 많으면 많을수록 좋은 것은 아니다.

② お金(かね)さえあれば、何(なん)でも手(て)に入(はい)るというものではない。
돈만 있다고 무엇이든지 손에 넣을 수 있는 것은 아니다.

③ 食(た)べる量(りょう)を減(へ)らしたからといって、必(かなら)ずやせるというものではない。
먹는 양을 줄였다고 해서 반드시 살이 빠지는 것은 아니다.

문형 연습

① お茶会(ちゃかい)に参加(さんか)する(　　　　　　)足袋(たび)を購入(こうにゅう)する。

② 睡眠時間(すいみんじかん)は長(なが)ければ長(なが)いほどいい(　　　　　　)。

본문

[デパート]

ソヨン : 初めまして、キム・ソヨンと申します。よろしくお願いします。

マネージャー : 初めまして。催事場担当の鈴木と申します。接客の仕事は、初めてですか。

ソヨン : はい、初めてです。

マネージャー : では、接客するにあたって必要な基本的な用語をいくつかお教えしますね。しっかり覚えて使えるようにしてください。

ソヨン : はい、分かりました。

マネージャー : まず、お客様がいらっしゃったら、腰から三十度ぐらい上体を傾けるようにして、お辞儀をしながら、歓迎の気持ちを込めて笑顔で「いらっしゃいませ」とあいさつをします。

ソヨン : こんな感じですか。いらっしゃいませ。

マネージャー : はい、そうですね。次に、お客様からのご用命を承る場合は、責任を持って対応するという気持ちを込めて「かしこまりました」と言います。

ソヨン : あのう、「かしこまりました」というのは、「分かりました」という意味ですか。

マネージャー : はい、そうです。「かしこまりました」というのは、主にお客様に対して使う言葉です。あと、やむを得ずお客様をお待たせする時は、恐縮の気持ちを込めて「少々お待ちくださいませ」と言います。また、お客様にほんの少しでもお待ち頂いた時には「お待たせいたしました」と言ってください。

ソヨン : 「少々お待ちくださいませ」と「お待たせいたしました」ですね。

マネージャー : そして、基本中の基本ですが、お買い上げいただいた商品をお渡しする時は感謝の気持ちを込めて「ありがとうございました」と言ってください。また、お客様がお帰りの際は「ありがとうございました」に加えて、

「またどうぞお越しくださいませ」とお送りするといいですね。

ソヨン : はい。きちんと使いこなせるようになるか心配です。

マネージャー : 習ったからといってすぐに使えるというものではないので、そんなに心配しなくても大丈夫ですよ。使っているうちに、慣れて来ると思います。

ソヨン : ありがとうございます。

マネージャー : それに、キムさんは笑顔が素敵なので、接客に向いていると思いますよ。頑張ってください。

ソヨン : はい、頑張ります。

본문 해석

[백화점]

소연 : 처음 뵙겠습니다, 김소연이라고 합니다. 잘 부탁드리겠습니다.

매니저 : 처음 뵙겠습니다. 행사장을 담당하는 스즈키라고 합니다. 접객 서비스 업무는 처음인가요?

소연 : 네, 처음입니다.

매니저 : 그럼 서비스 업무에 필요한 기본적 용어를 몇 가지 알려드리겠습니다. 확실히 외워서 사용할 수 있도록 하세요.

소연 : 네, 알겠습니다.

매니저 : 우선 고객이 오시면 허리부터 30도 정도 상체를 굽혀 절하면서 환영의 마음을 담아 웃는 얼굴로 'いらっしゃいませ(어서 오십시오)'라고 인사합니다.

소연 : 이런 식으로요? いらっしゃいませ。

매니저 : 네, 그렇습니다. 다음은 고객으로부터 요청을 받았을 때, 끝까지 책임을 지고 응대하겠다는 마음을 담아서 'かしこまりました(알겠습니다)'라고 합니다.

소연 : 저, 'かしこまりました'는 '分かりました(알겠습니다)'라는 의미예요?

매니저 : 네, 그렇습니다. 'かしこまりました'라는 말은 주로 고객에게 사용하는 말입니다. 그리고 어쩔 수 없이 고객을 기다리게 할 때는 죄송한 마음을 담아 '少々お待ちくださいませ(잠시만 기다려주십시오)'라고 말합니다. 또한 고객을 아주 잠깐이라도 기다리게 했을 때는 'お待たせいたしました(오래 기다리셨습니다)'라고 말하세요.

소연 : '少々お待ちくださいませ'와 'お待たせいたしました'군요.

매니저 : 그리고 기본 중의 기본인데요, 구매하신 상품을 건넬 때는 감사의 마음을 담아 'ありがとうございました(감사합니다)'라고 말하세요. 또 고객이 돌아가실 때는 'ありがとうございました'에 덧붙여서 'またどうぞお越しくださいませ(또 방문해 주십시오)'라고 배웅하면 됩니다.

소연 : 네. 제대로 잘 쓸 수 있을지 걱정입니다.

매니저 : 배웠다고 해서 금방 쓸 수 있게 되는 건 아니니까 그렇게 걱정하지 않아도 괜찮아요. 쓰다 보면 익숙해질 거예요.

소연 : 감사합니다.

매니저 : 그리고 소연 씨는 웃는 얼굴이 매력적이니까 접객 서비스에 잘 맞을 거라고 생각해요. 열심히 하세요.

소연 : 네, 열심히 하겠습니다.

OX 퀴즈

대화문을 다시 듣고 다음의 내용이 맞으면 O, 틀리면 X를 표시해 보세요.

① ソヨンさんは接客の仕事をしたことがあります。
소연 씨는 접객 서비스 업무를 해본 적이 있습니다.

② 「いらっしゃいませ」と言う時、腰から四十度ぐらい上体を傾けます。
'いらっしゃいませ(어서 오십시오)' 라고 말할 때 허리부터 40도 정도 상체를 굽힙니다.

③ お客様をお待たせする時は「少々お待ちくださいませ」と言います。
고객을 기다리게 할 때는 '少々お待ちくださいませ(잠시만 기다려주십시오)' 라고 말합니다.

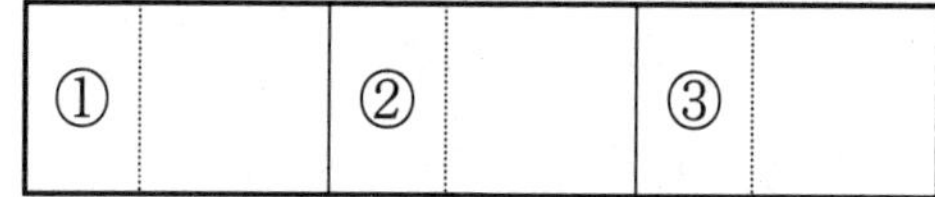

①		②		③	

정답

듣기 연습 정답

① 「分かりました」という意味です。
'알겠습니다'라는 의미입니다.

② 「お待たせ致しました」と言います。
'오래 기다리셨습니다'라고 말합니다.

문형 연습 정답

① にあたって
다회 참가에 앞서 다비를 구입하다.

② というものではない
수면시간이 길면 길수록 좋은 것은 아니다.

OX 퀴즈 정답

① X
接客の仕事は初めてです。
접객 서비스 업무는 처음입니다.

② X
腰から三十度ぐらい上体を傾けます。
허리부터 30도 정도 상체를 굽힙니다.

③ O

문형 색인

문형	Lesson	문형 번호	페이지
~だけあって ~인 만큼	22	1	201
ただ~のみ 단지 ~할 뿐이다	38	2	350
~たて 갓 ~한	11	1	95
~たび(に) ~할 때마다	16	2	144
~だらけ ~투성이	28	2	258
~ついでに ~김에	07	2	62
~ってことは(~ということは) ~라는 것은/그러면	01	2	12
~つもりだった ~할 생각이었다	34	2	312
~てたまらない ~해서 참을 수 없다/~해서 견딜 수 없다	08	1	69
~ては ~하고서는	29	2	268
~てはならない ~해서는 안 된다	21	1	191
~とあいまって/~があいまって ~와 어우러져/~가 맞물려	26	1	237
~といい~といい ~도 그렇고 ~도 그렇고/~며 ~며	21	2	192
~というものではない ~라는 것은 아니다	39	2	360
~というわけではない ~라는 것은 아니다	19	2	174
~といえば ~라고 하면	31	2	284
~といわんばかりに/~といわんばかりの 마치 ~라고 말하려는 듯이/마치 ~라고 말하려는 듯한	27	1	247
~ときたら ~는(은)/~이라 하면	04	2	38
~ところだった ~할 뻔했다	03	2	30
~とすれば ~라고 한다면	20	2	182
~とどうじに ~와 동시에/~하자마자/~이면서	25	1	227
~とはかぎらない 반드시 ~라고는 할 수 없다	30	1	275
~ともなると ~가 되면/~하게 되면	34	1	311
~ながら ~지만/~나마	35	1	321
~ながら ~하면서	09	2	78
~ながら(に/の) ~채로/~그대로	22	2	202

문형	Lesson	문형 번호	페이지
~をちゅうしんに(して)　~을 중심으로 (해서)	07	1	61
~をとおして　~을 통해(서)	16	1	143
~をとわず　~을 불문하고	31	1	283
~をもとにした/~をもとに(して) ~을 바탕으로 한/~을 바탕으로 (해서)	27	2	248

문화와 함께 즐겁게 배우는

주제별 일본어 청해 연습

초판인쇄 2021년 02월 03일
초판발행 2021년 02월 10일

저　　자 사사히로코 · 후루타료오코 · 박은정
발 행 인 윤석현
발 행 처 제이앤씨
책임편집 최인노
등록번호 제7-220호

우편주소 서울시 도봉구 우이천로 353
대표전화 02) 992 / 3253
전　　송 02) 991 / 1285
전자우편 jncbook@hanmail.net
홈페이지 www.jncbms.co.kr

ISBN 979-11-5917-172-7　13730　　정가 27,000원